なんで
中学生のときに
ちゃんと
学ばなかったん
だろう…

現代用語の基礎知識・編
おとなの楽習
22

保健体育のおさらい
性教育

自由国民社

装画・ささめやゆき
挿画・阪口笑子

はじめに

　健康に関心のない人はいないと思いますが、保健体育の授業は苦手だったり、あまり覚えていない方も多いのではないでしょうか。

　その中でも性に関することは、先生によって授業の力の入り方が違っていたことでしょう。私の高校時代は、仲の良い友人が恥ずかしくて男性器の図が見られず赤点ぎりぎりだった、と言っているなかで、私は堂々の満点を取ってしまったというほろ苦い記憶があります。

　「性に関する教育」がどうあるべきかについては様々な見解があります。思想・信条、宗教、地域性、そして最も身近な大人である親の影響を色濃く受けているものではないでしょうか。親という職業は、資格試験もありませんし、性経験はあってもしっかりとした知識を持たないまま親になっている人もいるのです。ですから、皆さんの性に関する知識も、ひょっとしたら間違っていたり曖昧だったりするかもしれません。そうした曖昧な記憶や思いこみをこの本でちょこっと真面目に整理して、一人ひとりがさらに自分らしく幸せな性生活を送るために「性の健康」について基本を押さえて頂ければ幸いです。

おとなの楽習・性教育
もくじ

はじめに …………………………………… 5

第1章　自分らしい性を知る

人生という試練に必要な性のキーワード …… 17
もっと素直に性を味わいたい ………………… 17
そもそも愛って何？　セックスって何？ ……… 18
エロスとポルノはどう違う？ ………………… 19
女性器はわいせつ物？ ………………………… 20
性とプライバシー ……………………………… 21
ジェンダーとジェンダーバイアス …………… 22
性同一性障害（GID）とは …………………… 23
性指向と性分化疾患 …………………………… 25
性を決める4つの要素 ………………………… 28
性別を決める染色体 …………………………… 29

第2章　性と性器のしくみ

性器の構造のおさらい ………………… 33
男性の性器 ……………………………………… 33
女性の性器 ……………………………………… 35

一人遊びは恥ずかしい？ …… 37
　マスターベーションは男性の特権か …… 38
　自分の性器を管理する …… 39

ホルモンのはたらき …… 41
　ホルモンを分泌する器官 …… 41
　性ホルモンの作用 …… 43
　男性ホルモンと女性ホルモン …… 44
　女性の月経周期はデリケート …… 45

性の内政・外交問題 …… 49
　パートナー選びはむずかしい …… 49
　親の影響を受けやすい性のこと …… 50
　生物学的な親子の話 …… 51
　性の価値観は時代とともに変化する …… 52
　「おひとりさま」も乙なもの …… 53

第3章　からだとこころのメカニズム

コミュニケーションとしてのセックス …… 57
　性的関係の始まりと終わり …… 57
　性反応の4段階 …… 58
　性的刺激とすれ違い …… 60
　性機能障害 …… 62
　勃起障害はどうして起こる？ …… 63
　結婚と性交の関係 …… 65

女性であることの健康リスク …………… 66
結婚には見通しが必要 ……………………… 68

第4章　妊娠・出産のしくみ

妊娠と男女の性 ……………………………… 71
生殖は親と子が出会う奇跡 ………………… 71
人間の生殖は複雑 …………………………… 73
たかがセックス、されどセックス ………… 74
妊娠の成り立ち ……………………………… 75
妊娠はおめでたとは限らない ……………… 77
単純ではない性の世界 ……………………… 79
妊娠したら「女」じゃない？ ……………… 80
妊夫の気持ち ………………………………… 81
産後セックスレスは産前から始まっている … 83
妊娠中の健康管理はパートナーと一緒に … 84
妊娠中を通して信頼関係を ………………… 85
女性と妊娠と貧困の連鎖 …………………… 87
妊娠中だけは関係ない不妊・未妊・避妊 … 88
妊娠・避妊・出産・育児にかかる費用 …… 89
性の自由経済 ………………………………… 91
結婚と経済力 ………………………………… 93

出産の喜びと試練 …………………………… 95
オーガズムで迎える出産 …………………… 95

立ち会う男性も大感動の出産 ・・・・・・・・・・・・ 97
プライスレスな体験・・・・・・・・・・・・・・・・・・・ 98
会陰切開はおせっかい ・・・・・・・・・・・・・・・・ 99
子どもの誕生は胎盤の死 ・・・・・・・・・・・・・・ 100
出産後の試練を受け止める ・・・・・・・・・・・・ 102
男性を置き去りにしない授乳時期を ・・・・・・ 103
【出産に関する10のガセネタ】・・・・・・・・・・ 105
誕生学と誕生死 ・・・・・・・・・・・・・・・・・・・・ 110
次の妊娠をどうするか ・・・・・・・・・・・・・・・・ 111
産後の男女のすれ違い ・・・・・・・・・・・・・・・・ 112
産後セックスの醍醐味 ・・・・・・・・・・・・・・・・ 113
子育ては自分育て ・・・・・・・・・・・・・・・・・・ 115
子を持って知る親心 ・・・・・・・・・・・・・・・・ 116

第5章　性の危機管理

性感染症の症状と対処法 ・・・・・・・・・ 119
性感染症のリスクが高い現代 ・・・・・・・・・・・・ 119
若い女性に多い病気：クラミジア・・・・・・・・・ 121
誰でも持っているHPV（ヒトパピローマウイルス）・・・・・・ 122
HIV感染症 ・・・・・・・・・・・・・・・・・・・・・・ 124
男性がかかりやすい病気：淋菌 ・・・・・・・・・・ 125
古くて新しい新興再興感染症：梅毒 ・・・・・・ 126
精神的に落ち込みやすい性器ヘルペス ・・・・・・ 127

その他の性感染症 …………………… 128
避妊法・不妊治療 ……………………… **131**
　たかが妊娠、されど妊娠 …………… 131
　効果的な避妊法 ……………………… 133
　緊急避妊とは ………………………… 135
　月経と出産の健康リスク …………… 138
　ピルは現代女性の味方 ……………… 139
　不妊症・不育症 ……………………… 141

第6章　社会の中の性

性にまつわる諸問題 …………………… **147**
　性犯罪は人権侵害 …………………… 147
　日本はポルノ大国 …………………… 148
　「性」は心が生きること ……………… 149
　性産業で働く人の健康 ……………… 150
　性の自由と人権 ……………………… 151
　人生を大きく狂わす性被害 ………… 153
　日常生活を壊す性依存 ……………… 154
　人工妊娠中絶と刑法堕胎罪 ………… 155
　中絶処置の実際 ……………………… 157
　性の現実と宗教的解釈 ……………… 158
　ドメスティック・バイオレンス（DV） ……… 159

【ドメスティック・バイオレンスの特徴】……… 160
自分らしい性を生きる ……………………… 163

おわりに ……………………………… 164

> **コラム　オトメのひとつ話**
> 女性にとっては前戯が本番 …………………… 61
> 内診室のカーテンの謎 ………………………… 67
> この日に産みたいと言われても ……………… 78
> 女だから妊娠したのであって ………………… 82
> 返品だな…と言った夫 ………………………… 86
> セックスも妊娠もお金次第？ ………………… 92
> 登りがあるから下りがある …………………… 101
> 緩いと思うならそっちが大きくなればいい …… 114
> 婦笑夫笑でうまくいく ………………………… 144
> 産む女性をいたわって ………………………… 152
> 好きだから殴るなんて意味不明です ………… 162

> **性のコトバ** ……………………… 12・136

性のコトバ

◆ 性交（セックス）

勃起した男性のペニスを女性の膣に挿入しピストン運動をして「射精・オーガズムに至る／を求める」行為、およびその前後の一連の交わりを含む営み。

◆ 性行為

sexual act。性交のみならず、キス、ペッティングなど広く性的な行為を含む。オーラルセックス（口唇性交）の一般化は従来下半身の疾患と考えられていたⅡ型ウイルスによる口唇ヘルペスやクラミジア咽頭炎の増加を引き起こした。また、アナルセックス（肛門性交）は肛門や直腸が傷つきやすく、エイズをはじめとする性感染症（STD）のリスクが増加すると考えられている。

◆ セクシュアリティ

sexuality。包括的に性をさす。男性性、女性性のみならずトランスジェンダーやインターセックスなど多様なセクシュアリティがある。生物学的な性をセックス(sex)といい、社会的な性別をジェンダー（gender）と区別する。

◆ セックスカウンセリング

性の治療・カウンセリングは未完成婚（性交できない）や腟痙攣（けいれん）をはじめとする状態の治療として行われているが、まだ窓口が狭く、性に対する治療への一般的な理解も浅い。高齢化社会では、更年期以降の高齢者の性に関する問題もさけられない。性に関する相談ができる日本性科学学会、認定セックス・カウンセラー、セックス・セラピストが全国にいる。セックス・カウンセラーは性に関する不安や悩みに対してカウンセリングを行い、セックス・セラピストは性機能障害の治療を行う。

◆ ジェンダーフリー

1999年に施行された男女共同参画社会基本法に基づき、男女共同参画社会をめざして、社会的な性別役割（ジェンダー）から自由であることをさす。一人ひとりが自分らしく生き生きと暮らせることが目標となっている。各自治体や学校教育でさまざまな取り組みがある一方、文化的に形成されてきた男女の違いをこわすものとしてバッシングの声もある。フリーセックスとは異なるので注意。

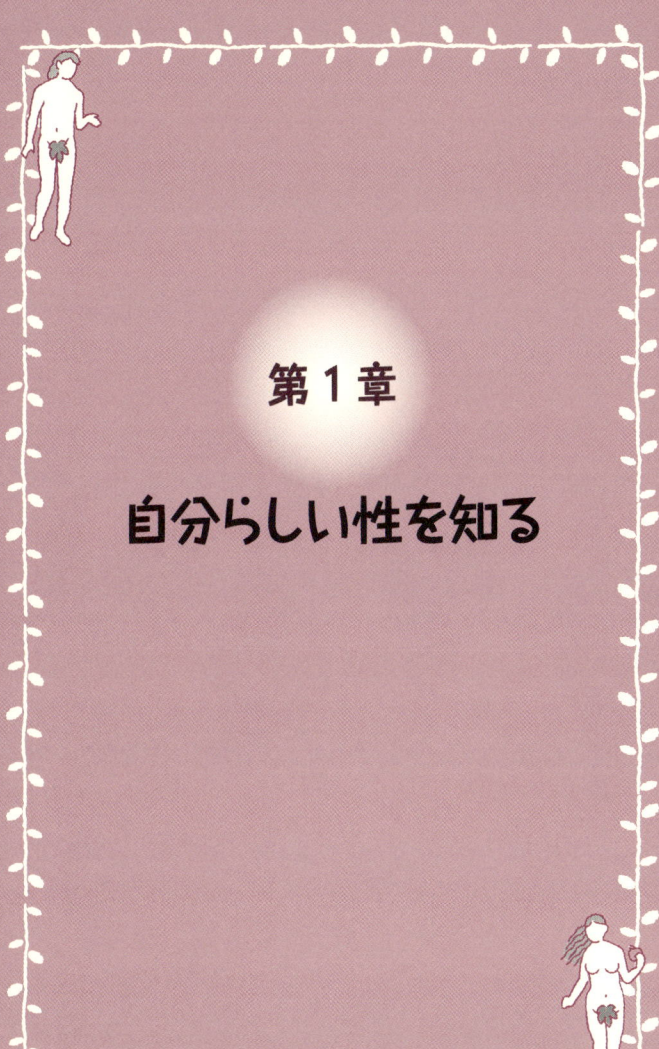

第 1 章

自分らしい性を知る

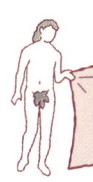
人生という試練に必要な性のキーワード

もっと素直に性を味わいたい

　愛とは何か？　性とは何か？　改めて考えてみようとしても問題が大きすぎてなかなか答えが出ないものです。

　そこでここではそうした問題を考えるうえで必要になる用語を整理してみましょう。学校では学ぶ機会が少ない用語です。

　からだとこころ、どちらが先ということはなく、性を考えるにはどちらも大事なことなのです。性のことは下半身のこととされがちですが、むしろ単なる体の反応ではなく、本当は性に関連することを考えたり感じたりする脳の活動が根本なのではないでしょうか。真面目に語ることではないと思われるかも知れませんが、大人ももっと素直に味わいたい人生の機微は、性にこそあると思います。恥ずかしいのは性そのものではなくて、自分や相手のことがわからなかったり、正直でないことかもしれないのです。子どもたちに聞かれて答えられないのは、性というのが大人も命尽きるまで答えの出ない難題だからでしょうか。

そもそも愛って何？ セックスって何？

　愛とセックスには関係があるのでしょうか？　愛しているから、セックスする。愛していないけどセックスする。セックスしないけど愛している、という場合だってあります。

　そもそも愛って何なのでしょうか？　愛（あい：LOVE）とは、大辞林によると「対象をかけがえのないものと認め、それに引きつけられる心の働き」とあります。性に関しては、男女の愛、男女に限定しないパートナーとの愛などが考えられ、異性愛、同性愛、自己愛、小児性愛（行為に及べば犯罪ですが）などと使われます。

　性（セックス）とは、生物学的意味での性別を指したり、性行為を指したりします。性行為とは、それぞれの性器や体を使ってコミュニケーションをはかる行為で、その結果として時に子孫を生み出すことにつながります。しかし実際にはほとんどの性行為は生殖に直結してはいませんし、そうでなければならない理由もありません。性も愛も個人の自由です。しかし相手との関係性を考えると、現実には不自由で不可解なことも少なくありません。常識や世間体などにとらわれて、自由な恋愛をしているようで多くの人は自ら制限をかけているかもしれません。

エロスとポルノはどう違う？

　エロス：エロティシズムは、性的欲望の美的次元に焦点を当てた概念で、とりわけ性的活動への期待感に関連するものを指します。何によって性的興奮が高まるかは人それぞれで、視覚や触覚、嗅覚など様々な刺激が脳を喜ばせます。日本では夫婦間で年々エロスが薄れて茶飲み友達のようになって行きがちですが、性のマンネリを避けるためには工夫も必要です。性産業が発達しすぎた日本では、性の捉え方があまりにも商業的なものに偏っていますが、エロいことは悪いことでも恥ずかしいことでもありません。

　それに対して、ポルノ：ポルノグラフィとは、「性的興奮を起こさせることを目的としたエロチックな行為を文章や映像などで表現したもので、お金でからだや性の尊厳を売買すること」です。エロスとポルノは違います。エロいだけなら犯罪にはなりません。ポルノに関しては様々な考え方がありますが、それが人身売買に当たる場合は犯罪と考えるべきでしょう。ポルノをむやみに取り締まる必要はありませんが、被害者にならない・被害者を作らないことが社会として重要です。

第1章　自分らしい性を知る

女性器はわいせつ物?

　わいせつは、しばしば「性的いたずら」などと呼ばれ、軽く考えられる傾向にありました。しかしそれは犯罪的な行為であり、被害に遭うと生ける屍になるほどダメージを受けることがあるのです。ですから、命まで狙われたわけではないなどと性犯罪を軽く見てはいけません。それは人間の尊厳を損なう行為なのです。被害者は大人になって結婚しても性的な経験に踏み出せなかったり、逆に自らを性的に不安定な環境に追い込むなど、将来にわたって影響を及ぼします。

　わいせつ性を帯びた物のことを「わいせつ物」、わいせつ性を帯びた行為を「わいせつ行為」といいます。理由なく性的なものを公的な場所で見たくない人に見せるのも犯罪です。一方で、男性の多くは女性の外陰部を見る機会が少なく、女性の外陰部そのものはわいせつ物と考えられてきました。そのため、かつては多くの性教育の現場で女性の外陰部だけは図を載せないで教育してきました。その影響で、女性は自分の性器がどうなっているか知らないまま育つことが多かったのです。膣口は月経血が出るところだと知っていても、自分ではあえて見たり触れたりしないため、そこに男性器を入れるという性行為や出産についてのイメージができない女性もいます。

性とプライバシー

　多くの大人は愛と性の関係について、長い人生の中の試行錯誤でそれぞれの思いや生き方を理解していきます。しかし、そんな大人ですら性に関して未解決の課題を抱えながら生きているのです。まして思春期というものは愛と性の関係について十分な経験や理解が伴わないまま性欲が高まっていく時期であり、精神的・身体的な未熟性が様々な問題を引き起こしがちです。

　特に将来を左右する健康被害は、時に取り返しのつかない経験としてこころに刻まれてしまいます。それゆえ、多くの大人は、思春期の性に否定的で、間違いを起こさないためには何も教えず、何もさせないことだと思うのでしょう。それなら自分が失敗したことやうまくいった経験を伝えてあげればいいのですが、自分のプライバシーを考えると、他のこととは違って自分の性経験をそのままうまくは伝えられないものです。誰にでも言いたくないプライバシーがあり、逆に自分の立場を明らかにする必要があればカミングアウトをしてもよいのです。

ジェンダーとジェンダーバイアス

　ジェンダーという概念があります。これは社会的な性別役割のことで、生物学的な性とは分けて考えられるものです。ジェンダーバイアスというのは、男性役割、女性役割の固定化であり、男性は仕事、女性は家事というような決めつけた考え方を指します。

　ジェンダーフリーというのはこのような概念から自由になることで、職業選択の自由や個人の生き方の多様性を認めることになります。

　ジェンダーフリーをフリーセックスと読み違えて反対する人達もいますが、誰とでも自由に様々な性的行動をとるフリーセックスとジェンダーフリーが異なることは、常識的な大人なら理解できるはずです。

　ジェンダーに捕われて辛い生き方をしているのは女性だけではありません。男性ももう少し肩の荷を降ろしても良いのではないでしょうか。

性同一性障害（GID）とは

　「自分は女である」「自分は男である」といったジェンダーアイデンティティー（ジェンダーの自己認識）に、生まれながらに持続した違和感がある場合を性同一性障害（GID：Gender Identity Disorder）といいます。人の性やジェンダーを理解することは難しいものです。誰もが納得する標準的な性など存在しないのです。とはいえ、性別に対する違和感というのは、持とうと思って持てるものではありませんし、それが耐え難く持続することがこの当事者を苦しめています。人が自分らしくいるというのは、集団の中での立ち位置を含みますから、男らしさを求められてもそれが困難である場合、生きていること自体が苦しくなってしまいます。性別に対して関心がないのはアセクシュアルといって、恋愛対象となることが苦痛になるまた別の状態です。どちらでもいいというのは、自分の性と性自認が一致している人がいうことで、そうでない場合はおうおうにして、過剰適応をしようとして無理をして暮らしています。

　性別違和感がない人に違和感を持たせることができないように、性別違和感がある人にとっては、からだとこころの性を一致させることは耐え難い苦痛となります。

性同一性障害
(GID：Gender Identity Disorder)

トランスセクシュアル(TS)

1) 精神科のカウンセリング
2) ホルモン療法
3) SRS(Sex Reassignment Surgery：性別適合手術)
   の3段階あります。

トランスジェンダー(TG)

● FTM(Female-to-Male) ●
生物学的性別が女性で、性の自己意識が男性。

● MTF(Male-to-Female) ●
生物学的性別が男性で、性の自己意識が女性。

● 異性装(Transvestite) ●

セクシュアルマイノリティー

L	lesbian	女性同性愛	レスビアン
G	gay	男性同性愛	ゲイ
B	bisexual	両性愛	バイセクシュアル
T	transgender	性同一性障害	トランスセクシュアル

性指向と性分化疾患

　性同一性障害（GID）は性的対象が同性か異性かとは異なり、自分の性別違和感です。混同されやすいのが、同性愛です。自分の性別に対する違和感のあるなしに関わらず、性的対象が向く「性指向」が同性を対象とする場合を同性愛といいます。男性同士であれば、ゲイ、女性同士の場合はレスビアン、男女両方が性的対象であればバイセクシュアルといいます。26頁の図に示すように、性同一性障害の人同士でも、対象によって同性愛も異性愛の組み合わせも起こります。

　また、性別とは必ず男女に分かれるものではなく、性分化疾患と呼ばれるバリエーションの中には、両性具有の半陰陽の人や、外性器と染色体の性が一致しない精巣女性化症候群、またターナー症候群の女性やクラインフェルター症候群の男性のように染色体に特徴のある性もあります。

　世の中は男性と女性に二分されているべきだと信じている人や、自分の性役割を必死に演じている人にとっては腹立たしいことかもしれませんが、生物というのはまさに最初から多様性を秘めているものなのですから、認めないと言い張っても仕方がないことです。

性自認と性指向

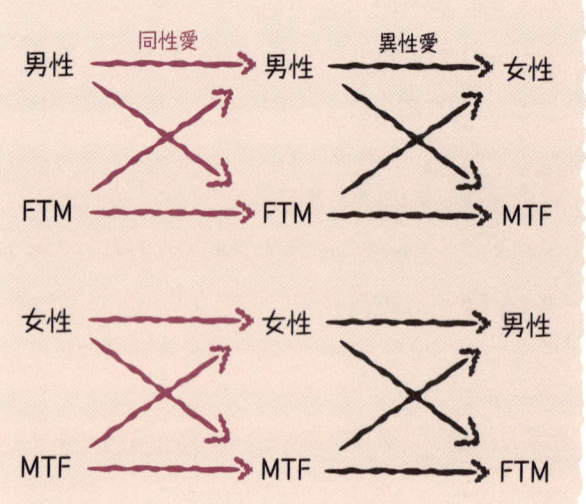

FTM（Female-to-Male）＝
生物学的性別が女性で、性の自己意識が男性。
MTF（Male-to-Female）＝
生物学的性別が男性で、性の自己意識が女性。

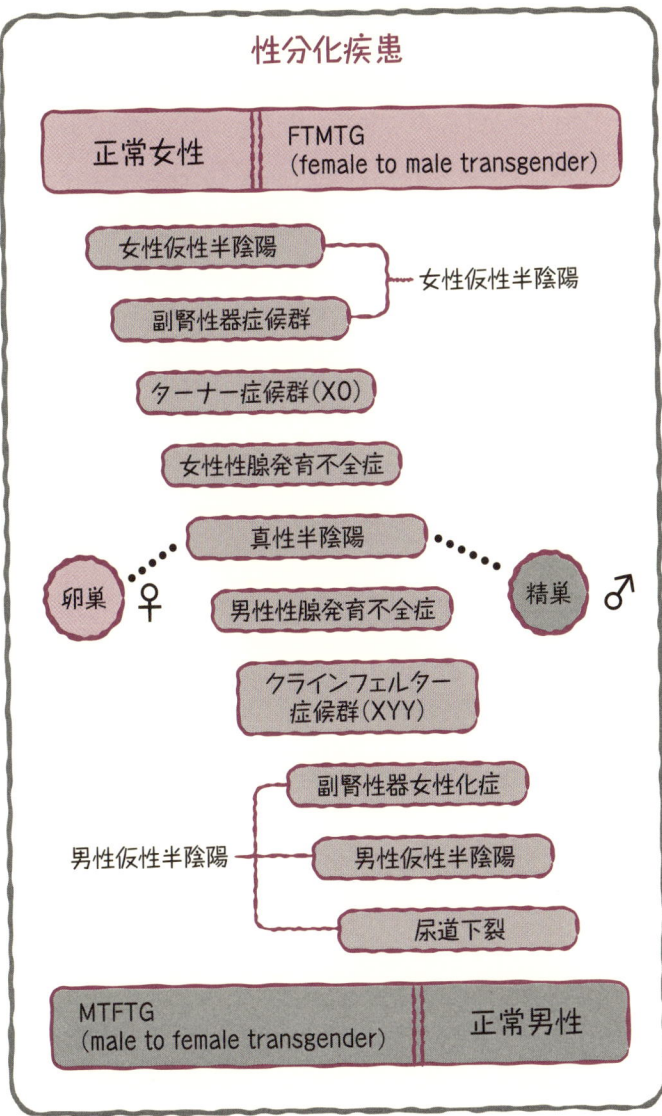

性を決める4つの要素

　誰でも、道ですれ違う見知らぬ人を知らず知らずのうちに観察し、瞬時に様々な判断をしているものです。その中には多くの場合、性別の判断も含まれます。また、自分の性別を「知っている」人はどうしてそうだと思うのでしょうか。多くは外性器の形で判断していると思います。

　本来、性別を決めるのは何なのでしょうか。外見、しぐさ、連れの人、服装、雰囲気など、性自認に基づいた経験から総合的に判断しているのではないかと思います。

　多くの人は、育った環境や体の特徴で何となく自分の性別を知っています。しかし、性には1）性器の性、2）染色体の性　3）性腺の性、4）性自認の4つがあります。これは、すべて一致するとは限らず、疾患や状態によって一致しないこともあります。さらに社会的な性別役割が加わって、私たちは何となくそれに従って生きているので、自分の思っている性別役割と違うときに違和感を覚えることもあるでしょう。誰もが完璧に自分の性を受け入れているわけではないと思います。

性別を決める染色体

　性別を決める重要なものは染色体です。これは生まれつき持っているもので、替えられません。ヒトの場合、親の精子から22本の常染色体とXまたはY染色体をもらいます。卵子は22本の常染色体とX染色体を持ち、精子と融合して46XXなら女の子、46XYなら男の子になります。染色体はDNAの乗り物で、メダカは人より多く48本ですが、遺伝情報を載せたDNAの塩基数であるゲノムは人の4分の1しかありません。

　生物は常に多様性を持っており、45XOのターナー症候群の女性や47XYYのクラインフェルター症候群の男性、あるいは21番染色体が3本あるダウン症候群と呼ばれる染色体に特徴を持つ人などがいます。また、染色体の本数が揃っていても、重複や欠失、転座など、日常的には普通に生活している人の中にもちょっとした染色体の異常があることもあります。

　多くの染色体異常は、妊娠初期の流産という形で自然淘汰されています。生まれてくる染色体に特徴のある人は、何らかの役割を持ってこの世に貢献しているのです。

第2章

性と性器のしくみ

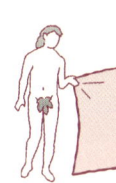 

性器の構造のおさらい

男性の性器

　外性器は外に出ている性器部分で、男性では、精子を作る精巣を入れている陰嚢と陰茎（ペニス）です。精巣は胎児期中期にお腹の中から陰嚢に降りてきます。空冷式で冷やさないと良い精子ができないためにあえて配偶子を作る器官である性腺（精巣）を外に出しているのです。それが男性の急所であり大事なところであるだけでなく、当たると痛い場所でもあります。

　陰茎の先は亀頭部といい、粘膜で覆われ刺激に敏感なところで、尿道口が開いています。生物が進化していく中で、男性器は生殖器と泌尿器が分化していないため、老廃物を出す尿と、生殖のための精液は尿道という同じ通路を通って排出されます。その意味で男性器は進化しそびれたようにも思われますが、尿道と共通化することで、精子の通り道を常時清潔に保っているのかもしれません。日本人の多くは仮性包茎といって、平常時は包皮が亀頭部を被った状態で、勃起時には皮がむけて亀頭が露出します。包皮がむけない真性包茎では処置が必要なこともあります。

　男性の内性器は、女性の子宮に相当する前立腺の他、精

囊線、精囊などがあります。空冷式の精巣で毎日生産されている精子は、すぐそばの精巣上体（副睾丸）に貯められ、精管を通ってお腹の中の精囊や前立腺などで精液となる分泌物と混ざり、性的興奮時には射精管が収縮して射精が起こって尿道を通って排出されるのです。

男性の性器

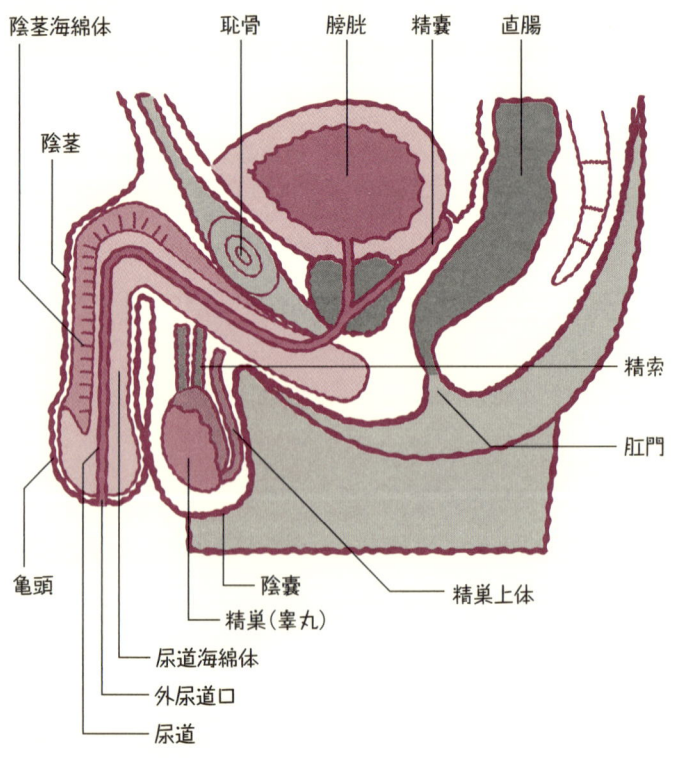

女性の性器

　女性では、男性の陰嚢に当たる部分が大陰唇という皮膚のヒダで、その内側に小陰唇という内側が粘膜のヒダがあります。発生の過程で左右が癒合したのが男性の陰嚢、しないのが女性の大陰唇なのです。その内側に守られるように前から1）クリトリス　2）尿道口　3）前庭　4）膣口が並んでいます。

　クリトリスは男性の亀頭に相当する部分で、男性の2倍の感覚神経が集中するとても敏感なところです。女性の尿道は短くて膣口に近いので、セックスのときに不用意に触れられると嫌な感じがしたり、雑菌が入りやすいため膀胱炎を起こしやすい特徴があります。

　膣口の後ろは会陰（えいん）といい、出産時に伸びるところです。膣口から肛門の間が長い人を俗に上つき、短い人を下つきと呼びます。思春期には小陰唇のヒダが伸び、ホルモンの影響で黒っぽく色素沈着をします。生殖のための自然な発育を、セックスの経験人数やマスターベーションの影響ではないかと思いこんで心配するのも思春期ならではの悩みでしょう。

　女性の内性器は外から見えない性器部分です。大人の女性のからだには7cmくらいの深さの膣があり、性交のときに男性のペニスを受け入れるところです。指を入れてみる

と膣の奥にある丸いピンポン玉くらいの子宮口に触れることができます。子宮の先に卵管があり、卵管のそばに母指頭大の卵巣があります。思春期は膣も子宮も成長途中で、卵巣が働き始めると初経がきます。

　子宮は頸部と体部でできており、受精卵が着床して風船のように大きくなるのは平滑筋でできている体部です。月経のときに出るのは血液だけではなく、子宮内膜という粘膜がはがれ落ちたものです。いわゆる赤ちゃんのベッドとして用意される子宮内膜は毎月リセットされ、女性のからだはデトックスを受けます。

女性の性器

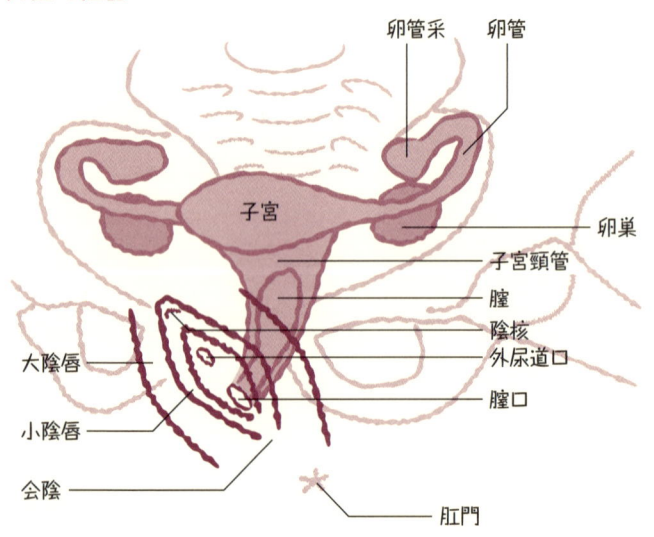

卵管采　卵管
子宮
卵巣
子宮頸管
膣
陰核
大陰唇
外尿道口
膣口
小陰唇
会陰
肛門

一人遊びは恥ずかしい？

　マスターベーションは自分で性器に自分の好む刺激を与えるのですから、誰でもできて人に迷惑をかけない一人遊びで、セルフプレジャー、自慰とも呼ばれます。オナニーという言い方もありますが、これは旧約聖書に書かれたオナンの物語に由来しています。オナンは兄の死後に兄嫁と結婚させられたために、膣外射精をしたといわれており、実はセルフプレジャーとは違います。性交は生殖以外に認めないという宗教的解釈から見れば、避妊やマスターベーションは背徳行為とされるのです。

　また、マスターベーションそのものは、男女の関わりではないために恥ずかしいことのように思われて隠されています。特に親に知識がないために、人前で性器いじりをする幼児を叱ったりしがちですが、することがいけないのではなく、清潔にすること、人前ではしないことを教えてあげて欲しいと思います。

　最近では科学的な健康教育としての性教育の考え方により、クリトリスを含めた外性器の図が副読本などに載るようになりました。クリトリスについて伝えることは画期的なことで、性行為が快楽を伴うということを間接的に表現することが可能になりますし、女性にも快感があるという当たり前のことに気づくことができます。

マスターベーションは男性の特権か

　10代の男性では、性衝動が激しいために多くは自然とマスターベーションを身につけて、罪悪感や恥ずかしさを抱えながら一人隠れてしていることが多いようです。家族に見られると、見たほうも見られたほうもお互い気まずいものですが、誰でも性的発達の途上ではそういうものだと理解して、そっとしておくことが好ましいでしょう。

　マスターベーションは男性の特権のように語られていますが、実際には多くの女性がしていますし、そのことに何の問題もありません。性感染症も妊娠のリスクもないのですから、男性も女性もいつでも自分の気が向くままに体を癒して楽しんでいいのではないでしょうか。

　男性は排尿のたびに性器に触れるために、嫌でも日常的に性器に触れています。一方、女性は外性器が男性のように出ていないこと、学校でも外陰部はわいせつ物としてあまり教えてもらえないことなどから、マスターベーションには慎重であったり、自分で触れるということを考えるのも嫌だと感じてしまうことも少なくありません。しかし、それが自分のからだであり、わいせつなのではなく、そういう風にできているものとして自分のからだと向き合うことが大切です。

自分の性器を管理する

　性器は、男性ではきちんと包皮をむいて亀頭を露出して洗い、清潔に保つことが大事です。日本人男性は仮性包茎が多いのですが、包皮がむけて先端の亀頭部が露出するなら問題にはなりません。真性包茎は皮がむけない状態で、恥垢がたまりやすく、陰茎ガンのリスクになりますので、時には外科的処置が必要です。男性のペニスは30代半ばまでが成長期ですから、10代では大きさや包茎で悩む必要はありません。

　女性の場合は、大陰唇のヒダの内側や、小陰唇との間などをていねいにお湯で流しておきましょう。女性は自分で外性器を見るチャンスもなかなかありませんが、お風呂に入ったときなど、特に症状のないときに手鏡で見ておくと、かゆみなどがあったときにどこの場所なのか、普段とどう違うのか説明することができます。

　時に、付き合っている相手に「お前の性器は変だ」といわれて産婦人科を受診する女性がいます。自分で見ていないために自分のからだは以前からこうだった、と自信を持って言えないのは残念なことです。性器の形は顔のパーツと同じように完全な左右対称でもなければ、みんな同じでもありません。時に性器の奇形もありますが、心配なら産婦人科で診断してもらいましょう。

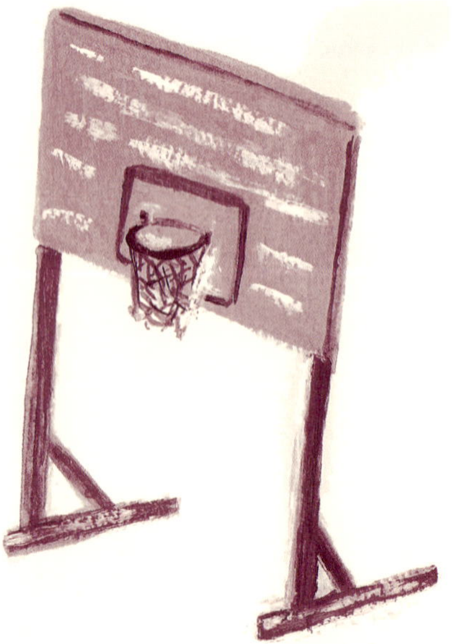

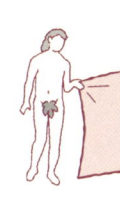

ホルモンのはたらき

ホルモンを分泌する器官

　性のしくみやからだのことでわかりにくいのがホルモンかもしれません。ホルモンとは、そもそも分泌腺で作られ、血液に乗って体内を回って遠くの標的臓器（ホルモンを受け取る器官）で働く物質です。ホルモンを出す臓器は、脳下垂体、甲状腺、膵臓、副腎などがあります。

　タンパク質ホルモンには、刺激ホルモンやメラトニンなどがあり、アミン・アミノ酸誘導体ホルモンには甲状腺ホルモンや血圧に関係する副腎髄質ホルモンがあります。

　性ホルモンはステロイド骨格を持ち、ステロイドホルモンと呼ばれます。性ホルモンを分泌するのはおもに性腺で、男性では精巣、女性では卵巣になります。

　ハツやミノなど「ホルモン」といわれるものは、牛や豚の内臓で、ハツは心臓、ミノは胃ですが、ここでいうホルモンとは関係ありません。

性ホルモンを分泌する器官

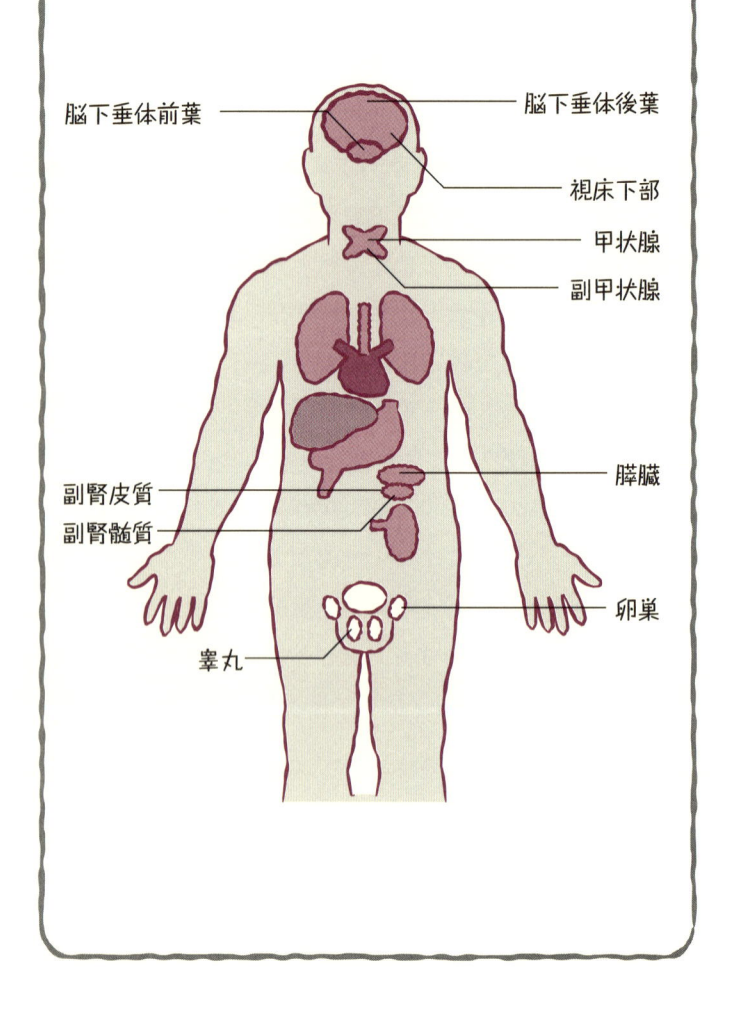

- 脳下垂体前葉
- 脳下垂体後葉
- 視床下部
- 甲状腺
- 副甲状腺
- 膵臓
- 副腎皮質
- 副腎髄質
- 卵巣
- 睾丸

性ホルモンの作用

　性ホルモンの流れには、ネガティブフィードバックというしくみが働きます。視床下部から分泌される性腺刺激ホルモンが脳下垂体を刺激し、脳下垂体から精巣や卵巣に刺激が行きます。卵胞刺激ホルモン（FSH）は、女性の卵胞発育、男性の精子形成を促し、黄体化ホルモン（LH）は排卵を起こさせ、男女ともプロゲステロンやアンドロゲンを分泌させます。

　精巣・卵巣がちゃんと働いてホルモンを出せば、刺激が減ります。こうしてホルモンはたくさん出たり少なくなったりの調整をしています。また、緊張したときやリラックスしているときにバランスをとる交感神経・副交感神経や他のホルモンとも連動して、体の調子を整えています。

　性ホルモンの原料はコレステロールです。男性の精巣にはライディッヒ細胞というものがあって、主に男性ホルモンのアンドロゲン類を分泌します。女性でも卵巣の顆粒膜細胞というところから分泌され、女性ホルモンのエストロゲンに変換されます。副腎でも男女ともわずかに分泌されています。

男性ホルモンと女性ホルモン

男性ホルモンの主なものはテストステロンですが、様々な代謝産物があり、代表的なのはアンドロゲンです。男性ホルモンのアンドロゲンは肝臓で不活化されてしまうので、不足する場合は注射をします。

男性ホルモンの役割は思春期の男性のからだを発育させ、脳下垂体から分泌される卵胞刺激ホルモン（FSH）と共同して精子形成を維持します。女性ホルモンは、主にエストロゲンとプロゲステロンの2種類が働いて、月経を起こしたり、卵巣から排卵をします。（46頁参照）

男性女性ともにアンドロゲンもエストロゲンも分泌していますが、男性と女性ではその量が違うことと、作用する器官がそれぞれ違います。性同一性障害の当事者がホルモン療法を行うには、男性のからだに女性ホルモンを、女性のからだに男性ホルモンを投与しますが、じょじょに体つきや毛の生え方が変わってきます。男女の体の違いは実はちょっとした違いなのだとわかります。

妊娠も授乳もしない男性に乳房があるのはなぜかという疑問は未解決です。乳ガンの1％は男性に起こるといわれています。

女性の月経周期はデリケート

　思春期から更年期まで、女性には月経周期と呼ばれるからだのリズムがあります。これはホルモンのなせる技で、特に月経後から排卵までの元気な時期と月経前では精神的にも身体的にも大きな差が出ることがあります。20代から40代は比較的安定した時期ですが、ホルモンバランスの未熟な思春期や、卵巣機能の終わりかけの更年期は月経不順などのトラブルが起こりやすい時期です。

　男性の勃起が完全には自分でコントロールできないのと同じかそれ以上に、女性の月経は自分ではどうすることもできない受け身的な生理的事象です。それに伴って気分の変調が起こるのは仕方のないことですが、パートナーが身に覚えのない不当な扱いを受けたり振り回されないためには、男性は月経前の不調や月経中の辛さを見つけて、女性の先回りをしていたわるのが効果的です。

　また、ストレスや体調不良、体質などによって、必ずしも周期的でないこともありますから、避妊する際にも注意が必要です。

月経周期と排卵のメカニズム

① 月経開始後 FSH（卵胞刺激ホルモン）は上昇し、卵巣内の卵胞が発育し始める。

② 卵胞の発育に伴い、卵胞からエストラジオールが分泌され、子宮内膜が増殖する。

③ FSH 濃度は低下していき、主席卵胞となる卵胞が一つだけ選択される。

④ 卵胞が発育し、血中エストラジオール濃度がピークに達すると、下垂体から LH（黄体形成ホルモン）が多量に分泌される（LHサージ）。

⑤ LHサージが生じた翌日に排卵が生じる。

⑥ 排卵後、卵胞が黄体に変化し、黄体からエストラジオールとプロゲステロンが分泌する。

⑦ 黄体から分泌されたプロゲステロンにより子宮内膜が分泌性変化を示す。

⑧ 排卵後一定期間すると、黄体が白体に変化し、エストラジオールとプロゲステロンの分泌が弱まる。

⑨ エストラジオールとプロゲステロンの分泌低下により、これらのホルモンにより維持されていた子宮内膜が剥がれ落ち、月経が生じる。

正常な月経の目安

周期日数	25〜38日	（変動が6日以内）
月経日数	3〜7日	（平均4.6日）
月経量		20〜140ml

24日以内の場合	頻発月経
38日以上の場合	稀発月経
18歳以上で初経がない場合	原発性無月経
3カ月以上月経がない場合	続発性無月経（妊娠を除く）
月経量が多い場合	過多月経
月経量が少ない場合	過少月経
月経期間が長い場合	過長月経
月経期間が短い場合	過短月経

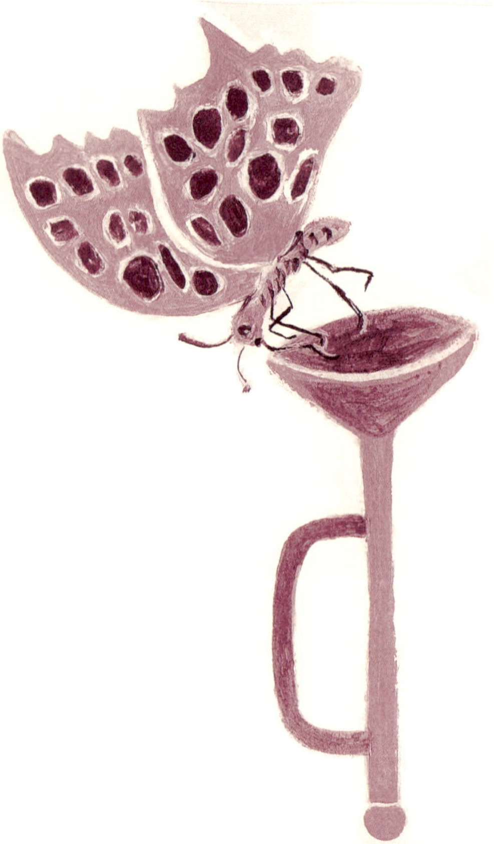

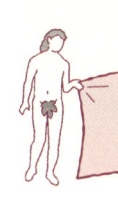

性の内政・外交問題

パートナー選びはむずかしい

　性というのは、個人の人生の質に関係するだけでなく、生殖という点でも重要です。そのため、性の関係者は自分とパートナーだけではなく、親やきょうだい、親戚にも及びます。またパートナーの親族も同様に関係者です。そのため、性は個人的なことといいながら性的なパートナー選びには個人的な好みだけでなく、社会的な視点も加わります。

　生殖の性を考えるときには、家系の因子も気になります。好きか嫌いか、一緒に暮らせるかだけでなく、その人の背景となる遺伝環境もパートナー選びに影響するでしょう。生物は遺伝因子と環境因子によって左右されるので、糖尿病の家系の人は食生活に気を付けなければ糖尿病になりやすいし、ガン家系があれば、ガン検診などが欠かせません。それは自分の子どもにも影響することになります。

　出産前に安産できるか不安になったときに、それを予測する目安があります。パートナーと自分が生まれた時の体重や頭の大きさも遺伝が関係するからです。出産のことを考えると小顔の男性がもてる、ということになりますね。

親の影響を受けやすい性のこと

　性については親の生き方や考え方に左右されることも多く、親が早婚だと子どもも早婚の傾向があったり、親が性に対して否定的だと子どもも教わった通りに行動しようとします。また、親から虐待されて育った人は、パートナーに暴力をふるったり、暴力をふるう人をパートナーに選んでしまったりしがちです。

　親からもらったからだではありますが、自分のからだ、自分の人生です。だから、自分らしく自由にしていいはずですが、なかなか本当の自由を謳歌するのは難しいことです。

　いろいろな大人がいて、自分の人生なのだと思いながらも、親の人生を真似していく、それも生殖という再生産の不思議です。親の結婚生活が幸せそうなら、それをまねしようとするのは好ましいことですが、苦労の連続だった結婚生活もまた、踏襲の対象となり、似たような苦労を重ねては悩んでいる人をよく見かけます。そんなときは、自分は自分、と割り切ってみることをお勧めしています。子どもである自分が幸せに暮らすことが何よりの親孝行だと自分に言い聞かせてみてもいいでしょう。

生物学的な親子の話

　母にとっては分身、父にとっては自分の遺伝子を継いだジュニアですから、子どもは親の期待を背負っており、親の意向も無視しにくいものです。遺伝子の核は父と母からもらい、細胞質は母からもらって成長します。男の子になるか女の子になるかは、男性の精子が持つ染色体がXかYかで決まるので、父が決めていることになります。

　慣習的に男腹・女腹のように、何人も同じ性別の子どもを産むと女性の体質が子どもの性別を決めているかのように言われるのはおかしなことです。世間では産み分け法にすがる人もいますが、子どもが親を選んでやってきますから、性別だけでなくどんな子がくるかは現状では選べません。

　近未来的には、生殖医療の進歩によって卵子の核の母、卵子の細胞質の母、妊娠・出産する代理母、精子の提供者の父、戸籍上の父、育ての父母など、複雑な親子関係が形成される可能性があり、染色体の検査を受けて性別を選んだり、異常の有無を確認した卵で妊娠できる時代もすぐそこまできています。

性の価値観は時代とともに変化する

　最終的にはほとんどの人が自分のからだを自己管理する必要があります。爪切り、散髪などの身支度に始まって、毛染め、ピアス、入れ墨、豊胸などの美容形成（整形）、そして性同一性障害の当事者が性別適合手術を受けるなど、自分なりのからだのカスタマイズもどんどん様変わりしています。どんな目的でどこまで手を加えるかという判断は、倫理的・社会的観念の時代による変化に応じて今後も変わっていくことでしょう。大まかな価値基準は時代に応じて必要ですが、他人の選択にとやかくいう権利は誰にもないのです。

　同じように性行動の自由は誰にでもありますが、知識や経験、考え方に左右されます。とくにジェンダーバイアスに縛られていると、性的な自由は得られません。男性は女性を襲ったり我がものにするものだという固定観念があれば、気づかずに性犯罪を犯してしまいますし、そうでない男性は男性であることに自信が持てないこともあるでしょう。逆に女性は受け身であると教え込まれていることが多いために、性的な感情を持てあましたり、無理に抑えたり、むらむらする自分を表現できずに苦しんでいることもあります。

「おひとりさま」も乙なもの

　50歳まで結婚経験がない男性の割合（生涯未婚率）は15％を超え、ますます増加しています。結婚する必要を感じなかったり、結婚しなくても困らないという声も聞きます。以前とは違い、コンビニエンスストアで健康に配慮した食事をとることも可能ですし、洗濯や掃除など衣食住の生活力がなくても、宅配や外注で何とかなるようになりました。一人で暮らす快適さを手に入れると、誰かに気を遣うことが面倒になるともいわれます。

　老後も「おひとりさま」のほうが気楽と考えたり、友人と暮らす、老人ホームなどで暮らすことを想定して貯金をしている人もいるようです。様々な生き方は、生殖と家族、個人のニーズに照らして選んでいくものなのでしょう。結婚して家族を持って一人前、という社会のプレッシャーも個人のニーズの前には無力になっていくのかもしれません。

　いつまでも一人でいると、お節介な周りが誰かを紹介したり、お見合いを企んだりしてくれることもありますが、性に無関心な人もいますので、性のスタンダードの押し付けも考え物です。

第3章

からだとこころの
メカニズム

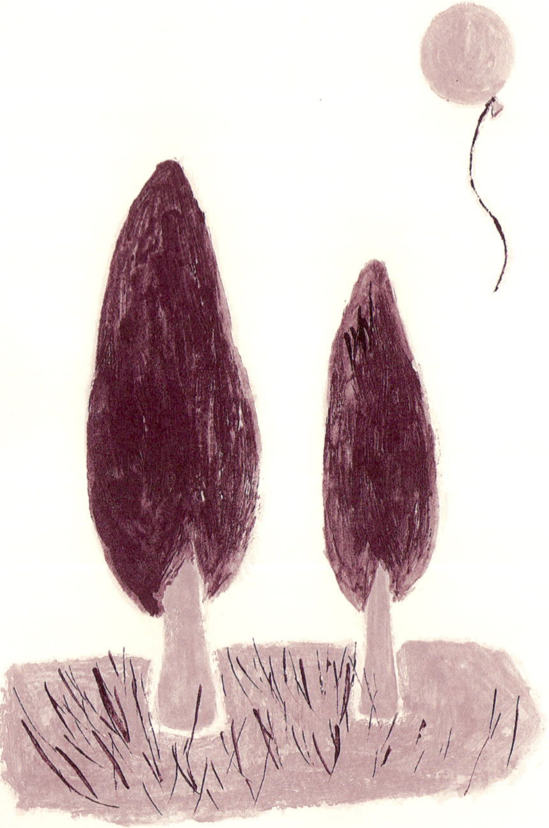

コミュニケーションとしてのセックス

性的関係の始まりと終わり

　さて、自分のからだと向き合ったところで、誰か好きな人とふれ合うコミュニケーションについて考えてみたいと思います。

　性的な関係はどうやって始まるのでしょうか。いつも普通に挨拶していたのに、あるとき急にお互いが意識することもありますね。出会った瞬間にときめく電撃的な出会いもあることでしょう。直接的には、目と目が合う、声をかける、からだが触れる、など様々な段階があります。また会えないときも性的な空想で遊べる貴重な時間です。

　性欲は自然なものですが、誰に対してでも向くものではないし、いつでも同じ感情が湧くわけでもありません。どうしてその人なのか、そのときなのか、説明できないこともあります。籍を入れたとたんにセックスしたくなくなるカップルもいます。

　同じパートナーでも性欲が向くときとそうでないとき、好きだけれど好きだからこそ近寄れない場合もあるでしょう。末永く、と思いながらも性は一筋縄ではいかないことを大人なら誰でも経験しているのではないでしょうか。愛が終わるときも、悲しいけれど静謐な人生の一コマです。

性反応の4段階

　性交には性反応が必要です。女性の膣に勃起したペニスを勝手に入れれば終わるものではありません。男性と女性の性器はもともとが相同であるので、性反応も同じように起こります。

　まずは興奮期です。性的興奮の引き金が何であれ、男性では勃起が起こり、女性では陰部からいわゆる愛液が出てきて濡れてくる状態になり、クリトリスも勃起します。その次が問題なのです。男性では興奮が続き、そのあとの射精に向かって快感を高める方法を知っていることが多いのですが、女性は経験が浅いと高原期と呼ばれる性的興奮が続く段階まで行けません。時間がかかる女性もいますし、適切な刺激がないとうまく次の段階に行けません。濡れただけの興奮期の段階で挿入されてしまうと、まだ膣の準備が不十分なのでちょっとした痛みで回復期に戻ってしまい、オーガズムどころではなくなります。

　男女とも高原期に達したとき、男性では精巣が持ち上がり、女性では子宮が持ち上がって膣の奥が広がります。膣の伸縮性が増し、挿入したときにふわふわとしたロストペニス感が生じます。これを称して緩いと言われたら困るのです。妊娠しやすいように、射精された精液をためてオーガズムでくまなく吸い上げるためのしくみだからです。そ

して、オーガズム期には男性では射精、女性では膣や子宮が収縮するオーガズムに至り、どちらも0.8秒間隔で性器が収縮し、その後回復期に向かいます。女性のからだのしくみを知らずに性交するのはもったいないことですが、学校では教えてくれません。

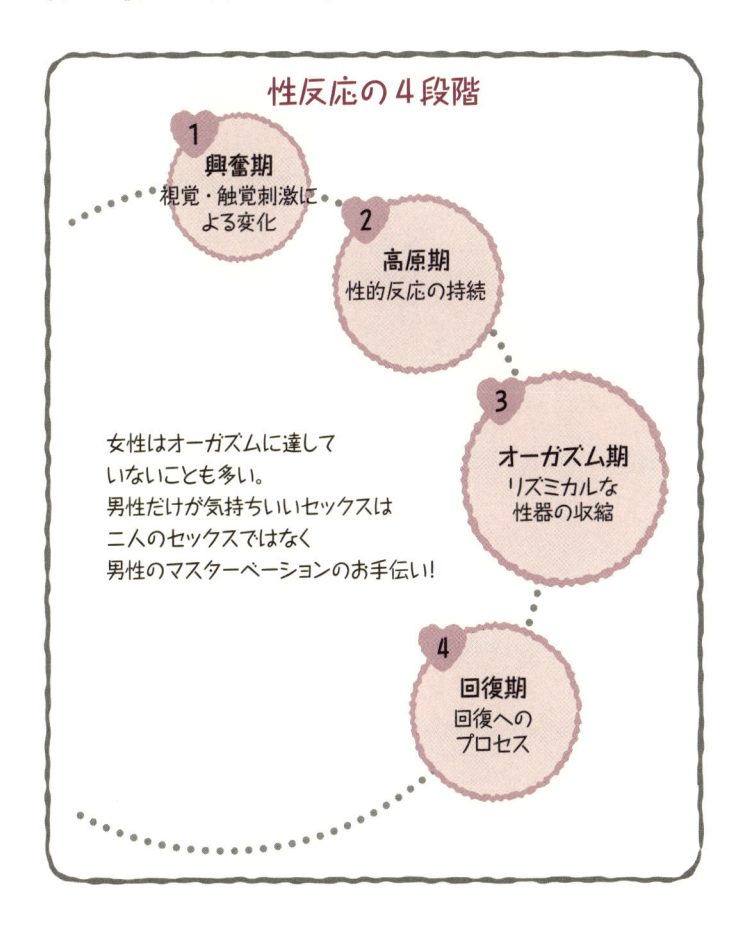

性反応の4段階

1 興奮期
視覚・触覚刺激による変化

2 高原期
性的反応の持続

3 オーガズム期
リズミカルな性器の収縮

女性はオーガズムに達していないことも多い。
男性だけが気持ちいいセックスは二人のセックスではなく男性のマスターベーションのお手伝い！

4 回復期
回復へのプロセス

性的刺激とすれ違い

　性のことは男性がリードし、女性は相手に任せるものと思われがちです。しかし、性欲が個人のものである以上、性のすれ違いは最初から始まっているのです。

　性欲が起こるには性的刺激が必要で、それは男性の場合、おおまかには視覚的なもの、つまり性的対象が異性であれば、女性のからだを見たり、想像することが刺激になります。そして女性側は触覚刺激、つまり触れ合うことが性的刺激になることが多いようです。ですから常に男性がアクションを起こさない限り、女性は待つものだとしたら、女性が満足するにはよほど男性が女性の性欲に敏感であることが必要でしょう。

　実際に、女性が性交で十分に満足する頻度はあまり高くないようです。コミュニケーションとしてのセックスには、きめこまかなお互いの理解と思いやりが必要です。女性が自分の欲求を正直に表現することも大事なことです。それを淫乱といってしまえば、女性は自分を表現することをやめてしまいます。また、男性も見栄を張って無理に男らしくしようとしたり、勃たなければ男じゃないと思いこんだり、据え膳喰わぬは…と頑張るけれどもうまく行かなくて落ち込むこともあるでしょう。若い頃は夢（イマジネーション）があったな、と思うのはこんなときかもしれません。

オトメのひとつ話

女性にとっては前戯が本番

　女性が性反応を起こすには触覚刺激が必要です。双方がすでにその気になっていれば、言葉かけや状況で二人の性行為はもう始まっていますが、そうでない場合は相手の性欲を引き出さなければなりません。挿入がすべてだと思いがちな男性には申し訳ありませんが、女性にとっては前戯と呼ばれるタッチングが本番で、挿入・射精はデザートに過ぎません。十分に身体も心も反応して初めて、挿入が愛おしく満たされる感じを味わえるのです。相手の官能を引き出す幸せは、自分がイク幸せとはまた別の味わいです。この違いを押さえておきましょう。

性機能障害

　性欲は多くの人にありますが、性欲がなく性的対象を持たないアセクシュアルの人もいます。性反応には、前述のとおり性的欲求、性的興奮、オルガスムなどがありますが、いずれかの段階がうまく行かないことを性機能障害といいます。男女とも、性欲相の障害としては性的欲求低下、性嫌悪症などがあります。興奮相の障害では、女性がイキにくいことや、男性の勃起障害があります。オルガスム障害はイケそうでイケない女性、男性では射精障害や早漏・遅漏などがあります。性交疼痛症は男性にはあまりなく、主に女性の疾患です。膣の入り口が痛かったり、子宮の病気で膣の奥が痛くなったりします。

　また、膣痙は処女膜辺りの膣の下３分の１の筋肉が不随意に痙攣することで、痛みを伴うだけでなく挿入が困難で、性交ができない状態です。勃起障害では、ノンエレクト法といって、むしろ勃起しないようにコントロールしながら性関係を持つ治療方法があります。膣痙は結婚しても性交ができないカップルに多く、だんだん諦めてしまいがちですが、カウンセリングやトレーニングで対処できるので、セックスカウンセラーやセックスセラピストに相談してください。

勃起障害はどうして起こる？

　女性の膣は更年期を過ぎると女性ホルモンが減少して乾燥しやすくなります。これを「老人性」膣炎などと呼ぶのは男性的な発想でしかありません。

　男性も加齢現象として勃起障害があることはわかっていても「老人性」勃起障害とは言いたがらないものです。でも勃起障害は全身の動脈硬化の最初のサインなのです。

　勃起障害は何も高齢者に限ったことではありません。ストレスの強いとき、体調の悪いとき、糖尿病や脊髄の疾患などもありますし、若くてもうまく行かないことなどいくらでもあります。また、排卵日だけ求められることも男性の尊厳を損ねる行為になりかねません。いつでも、いつまでも勃起したいというのは男のロマンなのかもしれません。

　今では勃起改善薬がありますから、泌尿器科などで処方してもらうことができます。困ったり悩んだりしているなら内科などのかかりつけで相談してもいいでしょう。恥ずかしいことではありません。ただし、処方してもらう前にパートナーの意見も聞きましょう。女性の場合は、更年期以降減少した女性ホルモンを少し足すだけで潤いが戻ることがあります。70代には70代の、80代には80代の性があるのですから恥ずかしがることはありません。

日本と米国のED有病率の比較

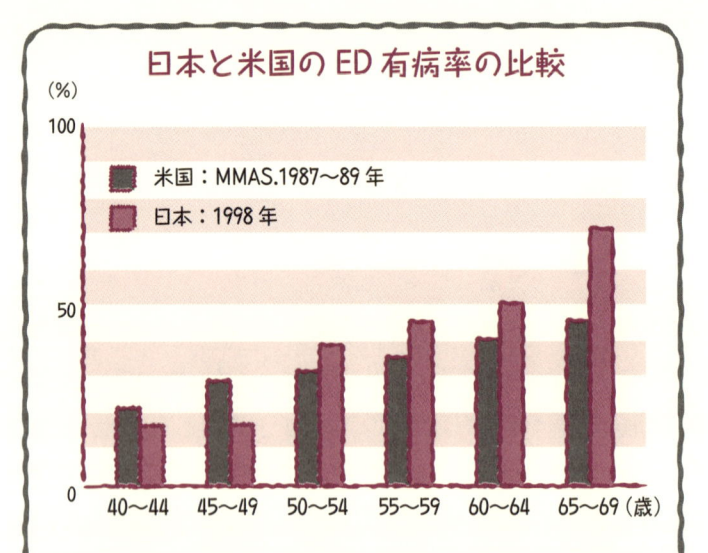

■ 米国：MMAS.1987〜89年
■ 日本：1998年

（横軸：40〜44、45〜49、50〜54、55〜59、60〜64、65〜69（歳））

調査方法：全国を都市規模（4段階）および地域（10地域）で層化し、住民基本台帳より30〜79歳の2,000サンプルを二段層化無作為抽出法で抽出し、この2,000人に質問紙を郵送して係員が直接回収した（1998年1月12日〜2月1日の間）。
回収率：55.2%（到達可能1,846人中1,019人）
結果：MMAS(Massachusetts Malle Aging Study：米国のマサチューセッツ州、ボストン近郊を中心に行われた高齢者のED疫学調査)のデーターと比較すると、全体的には日本もほぼ米国と同じくらいのED有病率だが、高齢者は日本のほうがむしろ高かった。
出典：白井將文『日本臨牀60（増刊号6）』2002年

結婚と性交の関係

　最近では結婚前に性交することの是非を問うことも無くなるほど、結婚前の性交は一般化しました。今の若者の80％は10代で性交を開始していますから、今更禁止してもどうなるものでもありませんし、性の権利は年齢・性別・思想・信条に関わらず人権の大事な一部です。しかし、性交と結婚をどう考えたらいいのでしょうか。性交したら結婚するとは考えていなくても、妊娠したら結婚ということを意識せざるを得なくなってきます。それが予想外であってもです。しかし、子どもが出来たらお互いが一生愛し合えるなどというのは幻想に過ぎません。

　セックスしたら恋人として他の人に見向きもしないかといえば、それも保障はできません。現代は、結婚と性交の関係が薄まり、結婚まで性交しないという生き方も、結婚したらパートナー以外とは性交しないという生き方も、必ずしもスタンダードではなくなりました。これは時代の変化で、一生同じ場所で暮らす人ばかりではなくなったり、一生同じ会社に勤めるわけではない生き方など、様々なシーンで自由度が増したことにもよるでしょう。

　また、インターネットの普及により出会いの方法も変わりました。性や結婚がイエ制度に縛られ守られていた時代から、個人の選択の時代になってきているといえましょう。

女性であることの健康リスク

　生殖は生物としてのヒトが生きていくのに大事なことですが、今のところ女性だけが産むことができるからだであり、それは女性にだけ妊娠や出産のリスクが与えられているということでもあります。性交ではお互いのこころとからだを尊重することができても、男性は妊娠のリスクを肩代わりすることはできないのです。妊娠したら責任を取るなんて言ってみても、所詮それは口だけのことでしかありません。結婚したり養育費を払うだけでは責任を取ることにはなりません。女性は妊娠・出産で健康を損ねたり命を落とすことすらあるのです。男性は身代わりになってくれませんから、女性は自分の意志に反してむやみに妊娠を引き受けるわけにはいかないのです。

　女性であることのリスクは妊娠にこそあります。自分のからだの自己管理をするという意味では、妊娠の不条理を自分の手中に収めて管理する、すなわち月経や排卵、妊娠について知り、妊娠に関することを他人任せにしないことです。その他の女性問題は社会的なジェンダーのワナに過ぎません。

オトメの ひとつ話

内診室のカーテンの謎

　産婦人科では、内診台というM字開脚をする台に乗ってもらって診察します。膣や子宮の入口まで観察したり処置をするにはこの姿勢が必要なのです。ただ、多くの産婦人科で使用している上半身と下半身を仕切るカーテンは、どうも世界中で日本だけのようなのです。カーテンがないと恥ずかしいと思われるかもしれませんが、お腹で仕切る割には、窓のほうを向いて足を開く形になっていたり、下半身側を人が通るなど、人権が配慮されていないのが現状です。カーテンなしで診察を受けると、お互いのタイミングもわかって力も抜きやすく安心です。

結婚には見通しが必要

　最近の結婚は、10代の8割、20代前半の6割ができちゃった結婚（妊娠先行型結婚）です。妊娠したら籍を入れようと約束していた場合はいいのですが、妊娠したからといって籍を入れても若い世代では長続きしません。若いうちに子どもを抱えて離婚となると、生活保護世帯となったり、しばらくして子連れ再婚というパターンが増加していますが、できちゃったでいいのか、妊娠する前によく考えて行動する必要があります。

　人生が長くなった分、様々なライフスタイル、ライフイベントが予想外に起こります。自分らしく生きるといってもパートナーとの関係にもよります。パートナーなどいなくても構わないわけですが、信頼できる人との関係は人を安心させ強くします。

　子連れ再婚同士で新しい家族になることをステップファミリーといいますが、結婚の難しい部分を学んできた大人同士だからこそ、素敵な家族になれるチャンスはいくらでもあります。前のパートナーの子どもに対して自分の子どものように接するのは誰でも難しいことですが、自分たちの幸せだけでなく、子どもの人権にも配慮が必要です。お互いが尊重し合えれば、子どもたちにとっても家族が増えることは決して大変なことばかりではないでしょう。

第4章

妊娠・出産のしくみ

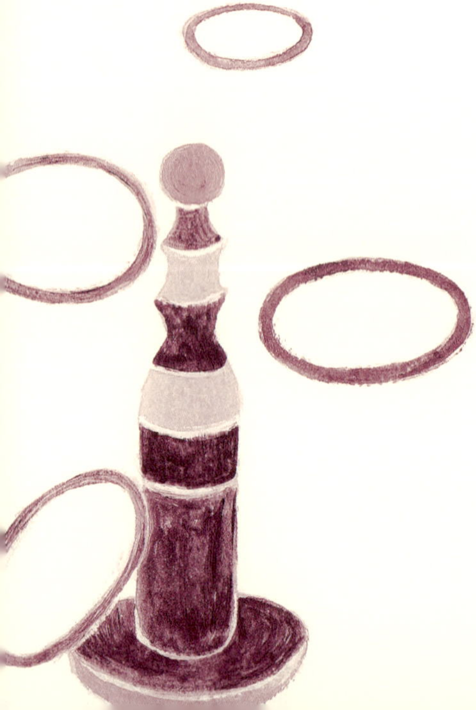

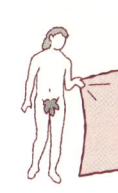

妊娠と男女の性

生殖は親と子が出会う奇跡

　ヒトも動物なので、生殖以外で増殖することは今のところ不可能です。性交がうまくいかないカップルに、子どもが欲しいだけなのに、どうして動物のように性交しなければならないのでしょうか、と質問されたことがあります。難しい質問です。そのようなしくみになっているから、としか答えられませんでした。

　ヒトは脊椎動物のほ乳類です。生命の46億年の歴史を1日とすると、私たち人間は最後の1秒分くらいしか歴史に足跡を残していないくらいの新しい存在です。そして、胎児は母の胎内にいる10ヶ月の間にその生命の悠久の歴史を駆け足で反復し、母と父からもらったDNAを駆使して、親より1世代進化した生物としてこの世に生を受けるのです。

　1滴の精液中に何千万という精子が放出され、毎月大事に1個だけ育てられる卵子と出会うチャンスはまさに千載一遇です。それがそれぞれ産まれてきた私たちだと思うと不思議な気がします。何億倍もの倍率で精子が卵子と出会って着床する、そしてこの地球上70億人（注：2011年

10月31日には70億人になるそうです）の中で親として子として出会うということは、まさに奇跡の連続です。

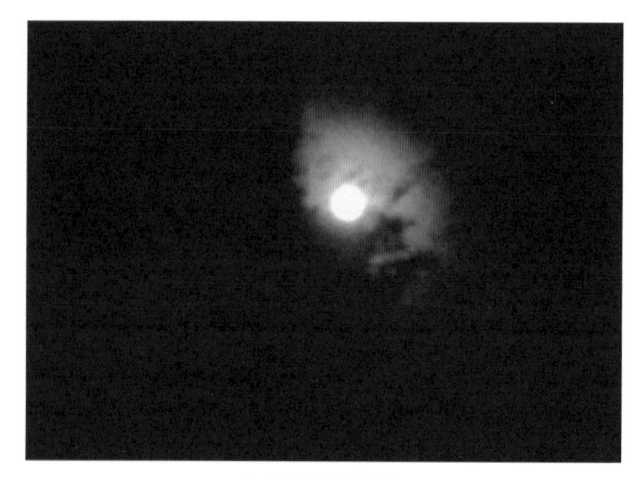

空に浮かぶ胎児
皆既月食後の月。2009年7月7日、撮影著者。

人間の生殖は複雑

　なぜ、自然は１回の性交で必ず妊娠するしくみをヒトに与えなかったのでしょうか。ヒトとして進化する中で、発情期もなくし、いつ妊娠するのかわからない不確かな生殖のしくみを与えられたことで、人間の生殖は複雑なものとなっています。性交すれば妊娠するわけではなく、現代では性交しなくても妊娠できる生殖医療というしくみができあがっています。男性が妊娠したら女、女性が妊娠したら男が授かるなら、公平でスリリングだったのにと思いますが、公平でないからこそ男女の違いが際立ち、この世がアンバランスを軸に回っていくのでしょう。

　性交イコール妊娠ではありませんが、それでも、性交と妊娠は無関係ではありません。妊娠してしまったらどうしようと思う気持ちも、今度こそと思いながらまた月経が来てしまう妊娠待ちの切なさもあります。男性にはやや実感が薄いようですが、そこが男女の大きな差とも言えます。無意識に精子を戦わせるために、排卵日頃に複数の男性と性交してしまう女性もいます。からだは妊娠すれば誰でもいいのかも知れませんが、社会的にはなかなかそうもいきません。妊娠したくないときは運に任せず、科学的に正しい避妊法を取ることをお勧めします。男性も自分の精子に責任を持たないと財産や地位を失いかねません。

第４章　妊娠・出産のしくみ

たかがセックス、されどセックス

　何でも簡単に手に入る時代ですが、誰かとの親密で素敵な関係は簡単に手に入るものではありません。時間や手間暇、愛情を注いでできあがっていく関係性は、簡単には壊れない人生の財産と呼べるかもしれません。セックスがそれにどのように関係するのかしないのかは、人によるでしょう。たいしたことではないとも言えるし、たった1回のセックスでも一生消えない思い出や、傷になることもあります。

　自分に正直になること、相手も自分も大事にすること。それがあなたの人生に与える幸せを最大にし、ダメージを最小限にしてくれることでしょう。どんなに素敵な関係でも、1回のセックスで長い人生をいつまでも同じ気持ちで過ごせるという幻想を抱かない精神性も必要でしょう。今を生き切る姿勢であれば、過去も未来も現在との境はありません。

　刹那的な幸せと永遠の愛のどちらを取るか…濃厚で末永い関係は素敵に思えますが、ずっと濃厚なら濃厚と感じません。また、永遠という退屈が保証されているのも鬱陶しいものです。その瞬間、愛してる、と思った時点でそれは永遠なのだと思ってみてはいかがでしょう。たとえ次の日には壊れてしまうような関係だとしても、それこそが永遠なのです。

妊娠の成り立ち

　妊娠の成り立ちは、何段階もの試練と偶然を経ています。膣内に射精された精子が卵管から取り込まれた卵子と出会い、受精が起こります。子宮の入り口の子宮頸部の内側から分泌される経管粘液は、排卵の頃だけさらさらと精子が通りやすいようになります。左右どちらかの卵巣から毎月１個だけ排卵されますから、反対の卵管へ向かった精子たちは無駄死にします。運良く卵子の方へ向かっても、授精できるのは原則１個の精子だけです。

　卵管の中で出会った精子と卵子の核が癒合すると受精卵になりますが、受精卵の半分は着床しないで壊れてしまいます。受精卵になって子宮内までたどり着いて着床しても、科学的流産という形で、妊娠検査薬で陽性になるかならないかで終わってしまう場合もあります。

　月経の初日を月経周期１日目と数えます。28日周期の場合は、だいたい14日目前後で排卵しますから、月経初日から２週間目に受精が起こります。卵管内で受精した卵は分割しながら卵管の中を転がり、約１週間かけて子宮内膜に着床します。着床してもまだ妊娠反応は出ません。着床して１週間後、つまり次の予定月経が遅れた頃に、尿に妊娠特有のヒト絨毛性ゴナドトロピンが検出できるようになり、妊娠検査薬が陽性に反応します。

妊娠中の身体と胎児の変化

1ヶ月　特に症状はなし（前半はまだ妊娠していない）

2ヶ月　月経が遅れていることに気付く、つわりが始まる

3ヶ月　つわりが続く、病院の超音波検査で胎児の心臓の動きがわかる

4ヶ月　つわりがおさまってくる、胎児の内臓が完成する

5ヶ月　お腹のふくらみがわかるようになる、胎動がわかる、胎児の爪や髪の毛が生えてくる

6ヶ月　胎動がはっきりわかる

7ヶ月　お父さんにも胎動がわかる

8ヶ月　お腹がますます大きくなり、胃や肺を圧迫する

9ヶ月　大きくなった子宮が心臓を圧迫する、息苦しさを覚える

10ヶ月　胎児が骨盤に下がる、出産準備

妊娠はおめでたとは限らない

　待ちに待った妊娠でも、予想外の妊娠でも、妊娠検査薬で反応が出たり、「妊娠です」と告げられたときは戸惑うものでしょう。飲んだ薬の影響や、出産への不安などが一気に押し寄せてきます。昨日まで知らずに妊婦だったにも関わらず、妊娠と告げられた時点で「妊婦になる」のです。つわりはむかむかとからだの変調を教えてくれますが、寝込むほどひどくなる人もいます。気の早い人は子どもの名前を考えたり、どんな子に育つだろうかと考えるようですが、妊娠初期はまだ流産の可能性もあり、生活上無理をしないほうがいい時期です。

　妊娠初期は着床出血があることがあり、出血したら流産ということではありません。また、逆に出血がなくても子宮中で胎児が育っていない流産もあります。その他、妊娠したことによって病気が起こることがあります。流産以外では、主に卵管に着床してしまう子宮外妊娠や、「ぶどうっこ」と呼ばれる小さな粒粒ができる胞状奇胎という赤ちゃんが育たない病気もあります。妊娠して赤ちゃんが来ると信じて浮かれていると、失ったものの大きさを感じますが、失ったのではなくまだそこまで到達していなかっただけのことなのです。妊娠も、流産も、女性のからだには自然に起こることです。考えこんでも仕方のないことなのです。

オトメの ひとつ話

この日に産みたいと言われても

　運動会が近いからその前に産みたいって、赤ちゃんにお願いしている大人げない母。一生に1回しか生まれるチャンスはないのに、大事な誕生日を親が決めてしまう代償に、親はどれだけのことをしてあげられるのでしょうね。予定が立たないからそろそろ死んでくれって親に言うでしょうか。あまりに軽く見られている胎児の人権。子どもの人権は胎内からすでに始まっています。医学的な理由のない限り、生まれたい日に産んであげましょう。生まれたいように生まれて、生きたいように生きて、寿命のままに命の火を燃やしたいものです。

単純ではない性の世界

　性のことを語るとき多くの人が関心を寄せるのは、若い男女のことかもしれませんが、性には年齢・性別に関係なく様々なニーズがあります。学校で教わるのは、性感染症や避妊のことなど、現実に問題化しやすいことに限定されがちですが、問題は妊娠するときより妊娠したあとにあります。特に妊娠がわかったあとの男性の態度は、その人の本性が出ますし、女性も女性性の歪みが表出し、そのカップルの関係性の脆弱さは妊娠が成立してみるとよくわかります。

　また、灰になるまで、といわれる長い人生の中で、どちらかが病気になったとき、性への関心を失ったとき、関心はあるけれどうまくいかないときなど、パートナーとの間でどちらが悪いというわけでもなくニーズが満たせないこともあります。抱き合うだけでも、手をつなぐだけでも通じ合う心があれば、それだけで性的な行為に匹敵することもあります。

　あまりにあけすけだと性欲も萎えますし、あまりに手堅くても落とす気がなくなってしまう、そんな男性の気持ちもあるでしょう。待っていてもアプローチされない、誘惑したつもりが手応えがないなど、当人たちは必死でも、端から見たら滑稽なのが性の駆け引きです。

妊娠したら「女」じゃない？

　妊娠は性の当然の帰結であるにも関わらず、妊娠した女性は性的対象ではないとして「もはや女ではない」と男女双方が思い込むこともあります。しかし、妊娠は女性にしか起こらない生理現象であり、月経や排卵、射精と同じく性別が変わるような出来事でないのは当然のことです。ですから妊娠中でも性交はできますし、性欲が変化することはあっても性的対象から除外されなければならないものではありません。

　妊娠中は、もちろん胎児への配慮が必要です。また大きくなっていくお腹や、ホルモンの影響で毛深くなる妻を見て、「けものみたいだ」などと口走ってしまう男性の気持ちもわからないではありません。視覚刺激が重要な男性にとっては変わっていく妻のからだをそれまでと同じようには抱けないというのも仕方のないことかもしれません。しかし、お互いの理解や尊重する気持ちがあれば、変わっていくからだでも愛おしく関係性が保てるのではないでしょうか。お互い歳をとったり、容姿が変わったり、また病気や怪我で思うようにならないこともあるでしょう。そうした人生における変化を共に過ごして受け入れることも継続的なパートナーシップには欠かせないものです。

妊夫の気持ち

　男性目線では、妊娠したら女ではなく母であるとか、妊娠した女に興味はない、と思うものなのかもしれません。男性は一生不妊ですから、妊婦の気持ちを直接体験しようもありません。

　しかし、このような考え方は少々もったいない気がします。男性はパートナーのお腹を借りなければ子どもが授からないわけですから、責任者、あるいは関係者としての権利と義務を有します。生殖行為の結果が妊娠であり出産だと考えれば、たとえ傍観者としてであれ、客観的に楽しむことができるでしょう。

　出産は性交の結果起こる大オーガズムですから、相手のオーガズムを自分あっての反応だと思って共に共有するか、関係ないとするかは大きな違いになります。女性にとっても、妊娠で自分のからだが中から変化していくのを受け入れることはそう簡単ではありません。むしろ、パートナーの客観的な視点は、その変化を受け入れて楽しむのにお互い役立つのではないでしょうか。

　しかし、それまでの女性に対する視点が固定していると、動物的だとか、美しくないなど、女性を傷つける言葉しか浮かばない哀れな男性の話もよく聞きます。それではパートナーのからだの変化をもたらした精子の持ち主としては無責任で想像力が不足していると言われても仕方ないでしょう。

オトメの ひとつ話

女だから妊娠したのであって

　出産してから女として見られない、という夫。こんなこと言いそうな奴の子どもを産まないように気をつけましょう。女だから妊娠・出産したのに。あなたの定義する女ってなんですか？　女のうまみは産んでからでしょ。青柿に熟し柿の甘みが出ますか？　成熟の次に完熟があるのをご存じないのかな。ただ、妊娠を理由に節操なく太る女性はレッドカード。

　そもそも男のからだが妊娠もせず加齢現象以外に変われないことが問題なのです。時にただのエロおやじ（失礼！）にしか見えない男性が、「女性は素晴らしい、母はすごい」などと賞賛するのを聞くと、逆にその男性を尊敬してしまいますね。

産後セックスレスは産前から始まっている

　妊娠したくて性交を開始する人はほとんどいなくなったにも関わらず、妊娠したとたんに、性交しなくなるカップルが増えています。妊娠中は妊娠しているのだから性交しなくてもいいのは確かです。しかし、妊娠は女性の人生にとって特別なことではなく生理現象の一つですから、ドクターストップがかかっていなければ性交しても構わないのです。つわりの時期や、お腹が張るなど不都合があればやめておくのは、風邪をこじらせたときと同じです。骨折したとき、体調が悪いときなど、人生の中で様々な状況が考えられますから、そのカップルの考え方でいいのですが、妊娠中から性的に遠ざかるカップルは、そのまま産後も、２人目が欲しくなっても子どもがそばにいるために、性交に戻れなくなる傾向があります。

　産後すぐは、女性は出産時の傷が痛かったり気になったりして、それどころではないかもしれませんし、男性も胸の大きな妻に近寄り難く、とてもそれまでと同じ性欲が湧くものではないかもしれません。しかし、変わりゆくからだという意味では、男性もやがて加齢による変化を来します。どんなときでもその二人なりの触れ合い方があるはずですし、いつまでも結婚前のようなお膳立てをすることは現実的ではありません。

妊娠中の健康管理はパートナーと一緒に

　女性は妊娠すると家事や仕事に支障が出ることもあるため、妊娠していることがハンディキャップや弱者であるように見えることがありますが、男性にとっては大事な子孫を妻のお腹に預けていることになります。胎児という人質をお腹に取られている弱い存在なのは、実は男性側なのではないでしょうか。

　妊娠に気づいたばかりの初期は、薬や放射線などの影響で奇形が発生しやすい時期です。月経が遅れたら早めに妊娠検査薬で確認することが大事です。また、妊娠すると別人のように太ってしまう妊婦もいますが、難産になるだけでなく、糖尿病や妊娠高血圧症候群などのリスクにもなりますので、幸せ太りだなどと夫と一緒に太っている場合ではありません。妊娠中でもドクターストップがない限り、一緒にお散歩するなど適度な運動をしてからだ作りをすることも必要です。男性もパートナーの妊娠中から一緒に管理する気持ちを持つことが大事です。

　母体の健康は胎児の健康そのものに大きく影響します。母親の食生活が、産まれてからの子どもの成人病の確率などを左右します。母親が喫煙すれば早産や未熟児のリスクが増えますし、お酒を飲めば胎児の脳の発達障害の可能性があります。父親は監督としての役割しかない歯がゆさも感じることでしょう。

妊娠中を通して信頼関係を

　今のところ、妊娠は女性にしかできません。それこそが、男女の最大の性差となっており、そのためにからだのしくみと特徴が異なっています。妊娠は、男性には起こらないため、関心が薄いものですから、まず女性が、自分のからだと向き合い、妊娠時期や妊娠中に責任を持ち、妊娠で起こることを男性に伝えて楽しみも大変さも共有しましょう。

　妊娠中から産後の生活は、パートナーとの二人だけの蜜月とは異なり、赤ちゃんのお世話や赤ちゃんを取り巻く家族関係の変化、経済的なことなど、男性も対応の変化を求められる時期です。この時期をしっかり押さえてお互いの信頼と連携がとれれば、男性は女性の心をがっちりとつかむことができ、将来安定した生活を送る鍵となるでしょう。女性の閉経頃に起こる更年期になって、夫婦の真価が問われます。そのときに出てくる恨み言は、妊娠中や子育て期の夫の貢献度です。20年後、30年後という長いスパンで、今さら取り返しのつかないことで熟年離婚にも繋がっていきます。

　結婚生活の本当の意味は、老後の支えかもしれません。刹那的な関係もいいかもしれませんが、結婚50年の金婚式を迎えるということの意味を少し考えて直してみませんか。

第4章　妊娠・出産のしくみ

オトメのひとつ話

返品だな…と言った夫

　妊婦検診で超音波検査を受けるときに、ご家族が立ち会うことが増えました。以前とは違って最近の皆さんの関心事は、五体満足ではなく、とにかく性別。胎児の向きが悪くて見えなくても、こちらの技術を疑われてしまうことも。あるとき、付き添って来た夫が、性別を聞いたとたん、「返品だな」とぼそっと言った。心の中で「お前が返品だよ！」と叫んだ。それでも、子どもはお父さんに会いにくるのでしょうね。性別ばかり気にしている人ほど、妊娠中の自己管理が甘く、夫に依存している傾向が。性別より自立でしょ、と思います。それに、女の子は着せ替え人形、男の子はサッカー選手って、親という大人の考えることって幼稚園児の夢と同じですか。

女性と妊娠と貧困の連鎖

　妊娠は女性のみに起こる生理現象ですが、精子をもらわなければ妊娠できません。そして出産したあとは、我が身から出ても、子どもは自分だけのものではありませんし、関係者が取り巻く貴重な命、子孫なのです。かつてイエ社会では、子どもを産むと女性はちやほやされましたが、今は産んでも女性の勝手、くらいにしか扱われなくなりました。

　授かった子孫を守り育てることは自分や家族を大切にすることでもあり、未来を担保することにも繋がる大事なことです。それにも関わらず、妊娠中は思うようにならないことや、子どもを守るために母体が犠牲になることもあり、女性が妊娠した状況によっては、女性と子どもたちは簡単に貧困に陥ってしまいます。

　世界中で子どもを抱えた貧しい女性が苦しんでいますし、日本も例外ではありません。日本は経済大国としてGDP（国内総生産）こそ高いものの、女性の地位を示すGEM（ジェンダーエンパワーメント指数）が相対的に大変低いことで有名です。男性は、女性のお腹を借りなければ子孫が残せない弱い立場であることをもう一度認識してほしいと思います。家族計画は男女とも人生において重要で、また国家経済においても人口政策と社会保障は大変重要なことなのです。

妊娠中だけは関係ない不妊・未妊・避妊

「妊娠中」というのは、現代社会においては特殊な状態だと思う人も多いことでしょう。しかし、女性のからだにとって、月経・排卵・妊娠・出産・授乳は一連のからだの生理的変化に過ぎません。排出されるものが、卵子か、子宮内膜か、胎児か、母乳か、などの違いです。残念ながらこれに相当する男性の生理現象は射精のみです。しかし、それはDNAの継承というとても大事な役割を果たします。

そもそも女性が順調に成熟してパートナーを持てば、一生涯に6〜10回程度妊娠するのは自然なことです。妊娠・出産・授乳の合間に起こるのが月経であり、妊娠中の10ヶ月と、授乳中などを合わせると1人産むごとに2、3年は月経がない生活を送ることができます。出産せずに30年間延々と月経を繰り返しているのは、からだにとってはむしろ不自然なことなのです。

妊娠中だけは、不妊でも未妊でもなく、避妊も必要ありません。生殖年齢にある女性のからだは、大まかに言えば妊娠中とそれ以外に分けることができます。妊娠しない不安も、妊娠してしまう不安もない代わりに、妊娠している不安があります。どこまでも女性のからだは不条理です。

妊娠・避妊・出産・育児にかかる費用

　妊娠するとまず、十分に仕事ができなくなる可能性があります。十分な貯金があればともかく、妊婦検診の交通費も含めて何かとお金がかかります。妊娠してから考えても何とかなる、と思うのは甘過ぎませんか。

　少子化を受けて出産育児一時金の直接支払い制度が始まり、50万円前後かかる出産費用を自分の貯金から支払う必要はなくなりましたが、赤ちゃんの衣服やグッズなど、何かと物いりです。母乳が出にくければミルク代もかかります。お出かけも自分一人なら歩いてもバスでも行けますが、赤ちゃん連れでは車やタクシーで移動したいところで、交通費も余計にかかります。

　若いうちはそうした細かいお金の話がピンとこなくて、何とかなると思うのでしょう。男性も養育費を払う責任などを考えれば安易な性行動をとれないはずです。逃げればいいと思うかもしれませんが、パートナーや子どもを捨てるそんな男性に幸せな人生は約束されていないと思います。愛情とお金を用意してからことに望みましょう。

性にかかわる費用

コンドーム（1箱12個入り）	1000〜3000円
ピル（1ヶ月分）	2000円前後
子宮内避妊器具（IUD／IUS）（1年間当たり）	1万5000円前後
人工妊娠中絶	10〜20万円
流産手術（健康保険）	3〜5万円
性風俗産業従事者（CSW）とのセックス	数万円
性感染症検査	項目あたり2000円前後
出産育児一時金	42万円 （無過失保証制度保険料込） ★変わることがあります
子育て費用（20歳まで）	1人あたり2000万円

性の自由経済

　性行動にはお金が付きまといます。性をお金で買うという意味ではなく、性関係の延長に一緒に食事をするとか生活を共にするなどの経済活動が始まるということです。デートの費用、カラオケやホテルに行くときのお金は誰が払うのでしょうか。コンドーム代も避妊のピルの代金も二人のためと考えれば折半してもいいでしょう。妊娠してしまったときの中絶費用は、出産にかかる費用や一緒に子育てをする費用は…。

　性交1回いくらで割り切れる関係のほうがどれほど簡単かわからないほど、実は親密な間柄でのお金のやりとりは難しいものです。愛情はお金では買えないと思いたいところですが、いっそ割り切ってお金で考えたほうがわかりやすいかもしれません。

　結婚が決まったあと、夫が「俺の稼ぎでのうのうと暮らす女は許せない」と思うのか、それとも「一生大事にするよ」と妻を得たことを幸せに思うのかによって、お互いの力関係が決まってしまいます。日本ではまだ女性の生涯賃金は男性にくらべて少ないので、籍を入れたときや子どもを授かったときに女性は仕事を手放してしまいがちですが、家に入って家事に専念したときに家事労働の対価を十分に評価されるかどうかが問題です。

オトメのひとつ話

セックスも妊娠もお金次第？

　愛だけでどうにかなるほど、子どもを持つことは簡単ではありません。子どもだからセックスはいけない、子どもだから産めないのは、通常、子どもは自由になるお金がないからです。そして、あまり早い性行動はあとあとの自己決定を妨げる要素にもなります。大人も自分の人生を考えながら性行動をしています。使い切れないほど自分のお金があるなら、誰だって人を雇えば何人産んでも育てられるでしょう。セックスと妊娠・出産の問題は、愛だけではなく、実はお金の話です。現実を見ましょう。地球も資源が無限なら人口抑制など必要ありません。思った通りになるわけではないけれど、子どもには人生設計の大切さとして、性の知識を教えてあげたいものです。

結婚と経済力

　結婚とは何か、という問いにはそれぞれの答えがあることでしょう。二人で暮らすほうが経済的であったり、安心感をもたらしたり、社会的地位、そして子どもを育てる単位として考えているかもしれません。

　妊娠したら仕事は辞めるという女性も、妊娠しても仕事は続けると決めている女性もいますが、最近では共働き夫婦家庭が専業主婦を超えて増加しています。いずれにしても夫の都合に合わせて仕事を辞めざるを得ない場合や、妊娠中のトラブルで思うように仕事ができないこともあります。

　安心して生きていくには、誰にとっても経済力は大事です。好きで一緒にいるパートナーでも、自分の生活が脅かされると思えば対立関係になります。妊娠中と産後しばらくはフルタイムで働くことは困難ですが、本来、家族の誰が稼いできてもいいはずです。また、子どもを産み育てる女性の労働対価は通常ゼロ換算されがちですが、これが問題で、時に夫の横暴を許してしまいます。経済的自立は確かに精神的自立を保ちやすいのですが、専業主婦も自宅で家事という仕事をしているという自覚を持ってパートナーと交渉することが必要です。

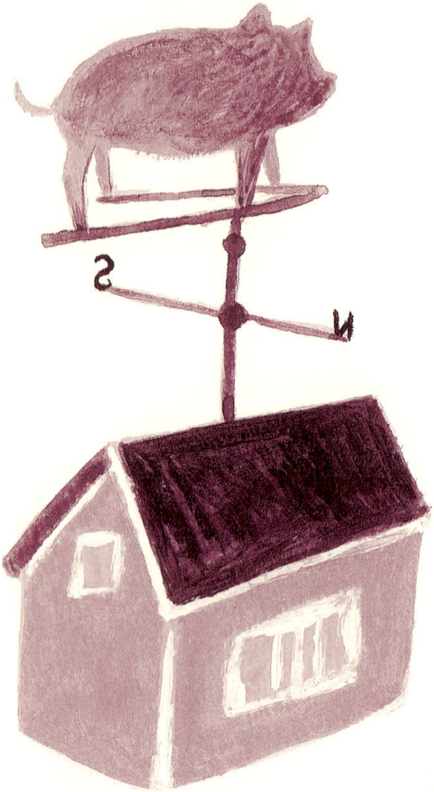
S
N

出産の喜びと試練

オーガズムで迎える出産

　出産は二人の行為の実りのときです。赤ちゃんは父親に会うのを楽しみに苦難の道を進みます。沿道での応援がランナーにとって心強いように、産まれて来る胎児にとっては、父親に見守られてこの世の人生をスタートできることはこの上ない幸せだと思います。

　出産は痛い、辛い、大変というイメージばかりが先行しがちですが、その苦労のあとに来る幸せは女性だけに与えられた素晴らしい体験です。できるだけ多くの女性にこの経験をしていただきたいと思います。

　そもそも女性のからだが妊婦として変化する関係者というか責任者はほかでもない精子を与えたパートナーなのですから、きちんと責任を取って母子を支えてほしいものです。男性は自分が妊娠するわけではありません。でも、どこか自分と似ている我が子と対面したときのお父さんが、こみ上げる喜びで笑顔になるのを見ると、父親になるのも悪くないのではないかと感じることがあります。

　愛するパートナーが喜ぶ顔を見れば、苦労して産む女性の側もさらにその甲斐があるというものでしょう。自分が

与えた精子の結実が相手の壮大なオーガズムに繋がるとしたら、それは一緒に体験すべき感動のフィナーレということができます。見過ごすわけにはいかないでしょう。

立ち会う男性も大感動の出産

　出産は男性にはできませんが、きっかけを作った責任者として立ち会うことはできます。無事に産まれて当たり前と思いつつも、無事を確認するまでは仕事も手につかないくらいの一大事です。ヒトの子は10ヶ月かけて育ちますが、その間も順調かどうか心配したり、いたわったりしながら過ごすものでしょう。

　陣痛は、1人産むのに約1000回あると言われます。10分おきに子宮の収縮が始まり、産まれる頃には1、2分おきに押し出す痛みが繰り返されます。これは、終わることのない海の波のように、時に強く、時に穏やかに気の遠くなるほど繰り返されます。命のリレーはそうやって連綿と繋がってきたのです。このときばかりは男は何もできない、と実感するようですが、女性にとってそばに居てくれるだけでどれほど心強いかわかりません。

　最近は、出産に立ち会う夫が多くなりました。多くのお父さんが言葉にならない感動だといいます。お父さんの休みの日に生まれてきたり、お父さんが到着するまで陣痛を弱めて待っているかのように、ほとんどの赤ちゃんがお父さんの立ち会いを見こんで産まれてくるようです。産まれてすぐ、赤ちゃんはお父さんをはじめとした身内と目を合わせて笑います。産まれて初めてヒトを見るのになぜわかるのか不思議です。

第4章　妊娠・出産のしくみ

プライスレスな体験

　何よりすごいのは、お腹の中で一人で過ごしてきた赤ちゃんが、産まれてすぐに身内と医療スタッフを見分ける能力を持っていることです。お父さんやおばあちゃんの顔を見つめたり、笑い返してきます。お父さんに会えて嬉しそうな赤ちゃんの穏やかな顔を見ていると、確かに血のつながりのようなものがあるのだと思えます。夫婦は他人でも、親子は切れません。人間関係は、血のつながりがすべてではありませんが、このときばかりはかけがえのない子孫の誕生というDNAのバトンタッチに圧倒されます。

　生命の誕生に立ち会って圧倒されるのは母たちばかりでなく、言葉にならない感動を味わうお父さんも同じです。妻に怒られるからと思って立ち会ったが、それ以上に自分が感動した、という正直な感想を日々、耳にします。子どもがいなければいけないということではありませんが、コンビニエンスストアでは買えない、プライスレスなもの、それが子孫なのでしょう。できちゃった婚で波瀾万丈な夫婦関係であっても、不妊治療の末の体外受精での妊娠であっても、とにかく「銀も金も玉もなにせむに　勝れる宝　子にしかめやも」という山上憶良の歌の通り、子宝を授かる、という敬虔な気持ちになることは貴重な体験です。

会陰切開はおせっかい

　会陰切開が恐くて産みたくないという若い女性の声を聞きます。会陰切開は多くの出産が病院へと移行した1960年代から盛んになりました。会陰は膣の出口の後ろ側、肛門との間にあります。切ったほうが縫いやすいため、切るべきだと思いこんでいる医療従事者もまだ多いのですが、切った傷は裂けた傷より痛く、跡が残りやすいのです。女性にとって性器を切られるなんて想像したくないのは当然です。出産という苦労と快感の頂点を妨げる行為は人権侵害も甚だしいことです。むろん、医療介入として処置が必要な場合もありますが、現状は介入が多すぎます。無理にいきまず、時間をかけて自然に産めば切れません。会陰切開は少子化の一因かもしれません。

　意味合いは違いますが、アフリカの一部では慣習的にFGM（女性性器切除）が行われています。女性のクリトリスを切り取って快感を損ね、男性の性感を高めるために小陰唇を縫い合わせて狭くしたりします。そのことによって女性は痛みや排尿障害を起こすこともあるのです。私もメスを使う立場ですが、第三者がからだにメスを加えることにもっと慎重であるべきです。

子どもの誕生は胎盤の死

　何億という精子が、大事に育てられた卵子にたどり着いてできた1個の受精卵から、約3kgの子どもが産まれます。それを支えてきた胎盤と臍帯、羊水は、この時点で静かな死を迎えます。胎児に酸素と栄養を供給してきた胎盤は、妊娠40週で寿命を迎え、胎児が生まれた後、子宮を離れて、後産として排泄、処理されます。約500gもある円盤状のどす黒い臓物が胎児の出生後に排出されます。胎児が産まれるまで拍動して胎児に酸素や栄養を送ってきた命綱の臍帯も、生後3、4日で脱落するのも待たずに、子どもから切り離されてしまいます。

　多くの病院ではまだ臍帯が仕事をしている拍動中に、無惨にも臍帯を惨殺してしまいますが、臍帯の立場を考えれば、ヒトの死と同じように、せめて拍動が止まるまで待ってあげてはどうかと思います。臍帯は赤ちゃんが元気に産声を上げればあっという間に拍動が止まりますし、呼吸が整わないうちはいつまでも酸素を送り続けます。天然の酸素ボンベを止めて、鼻から有料の酸素をかがせる必要はありません。私たちが生きているということは日々、細胞レベルでは生まれ変わり、死に変わるということです。細胞レベルでの生き死にも敬意を表したいものです。

オトメの ひとつ話

登りがあるから下りがある

　陣痛がなければ…なるべく痛くないように…。誰もが思う安産ですが、だからといって痛くないことがすべてでしょうか。スキーで滑るとき、わざわざ雪山に行き、リフトでできるだけ高いところに登り、一気に滑るのは、そのほうが楽しいからでしょう。近所の公園の滑り台と、遊園地のジェットコースターのどちらが楽しいか考えればわかります。陣痛も痛みがあるからこそ、それが引いていく心地よさが味わえるわけです。分娩時間が長いことは、それだけ快感の回数も多いということ。安産で感動が薄いのと、難産で頑張ったのと、どちらが幸せかは、安産という言葉で簡単に比較できるものではありません。無駄な苦労はいらないけれど、何も感じないセックスほどよい、とは思えませんよね。

出産後の試練を受け止める

　さて、産めば終わりではないのが、子育てです。大人になるまで、あるいは大人になっても生まれたての赤ちゃんを見たり、触ったりしたことがない人が増えています。病院ではなかなか難しいのですが、上のお子さんにも立ち会ってもらいたいのは、出産の場を経験すること以上の性教育はないからです。どんな子どもでもその子なりにその意味がわかりますし、自然にきょうだいを迎えることができます。

　育てられるか不安という妊婦さんもいますが、そう思うこと自体が不遜です。自分が成長するための試練を赤ちゃんが与えてくれるのですから、それを乗り越えるだけのことと謙虚に受け止めれば精一杯頑張りますと言えるはずです。

　性の奥深さは、性交をして妊娠し、出産をする、その好き合った二人に子どもが授かったあとにさらに試練が来ることかもしれません。大仕事を終えて、一息つく間もなく、今度は授乳が始まります。女性のからだには何と多くの痛みが隠されていることでしょう。男性にはとても耐えられないことかもしれません。授乳に慣れて安心する間もなく、日に日に成長する子どもの変化を見逃さないように見守り続けていかなければなりません。

男性を置き去りにしない授乳時期を

　授乳中のお母さんはいつも赤ちゃんと一緒です。そのため、夫が付け入る隙がなく、それまで楽しく触れ合っていたのが嘘のように邪険にされてしまうことがあります。また夫の方も、妻が母として凛として授乳しているのを見て、神々しい犯せない存在のように見えて触れようとしないこともあるでしょう。そんな夫に対して、授乳で一生懸命のときはいいのですが、ふと気づくと自分に関心がなくなったのではないかと、疑心暗鬼になる母もいます。そうやって男女はきれいに溝を深めてしまいがちです。妊娠で変わる女性のからだとこころは日々成長していきます。それに対して何も変わらない男性のからだ。

授乳は、女性にとって乳房が見た目だけではないことを痛感させられる強烈な体験です。胸から母乳が出るのは最初は慣れないし、胸の張る痛みや乳首を吸われる辛さがあります。また、なかなかうまく行かない授乳に、赤ちゃんが栄養不足で死んでしまったらどうしようと思う気持ちなど、母になった喜びと同時に訪れる授乳の不安や痛みがあります。その時期をパートナーがそっと支えてくれたらどんなに救われることでしょう。そして、その支えに対して思いやりを返せれば、二人の関係はいつかもっと強い絆になっていくことでしょう。

　人生で最も幸せなのが胎内といわれます。何もしないで安全で安心して暮らせるからです。その次に幸せなのは授乳期。そしてその後は以下同文、どう頑張っても生きるためには何かをしなければならない、いわば余生なのです。

【出産に関する10のガセネタ】

　出産は恐い、痛い、というイメージしかないことは、女性にとって不幸なことです。からだを張って命をかけて好きな男性の子どもを産むのは快感であってほしいものです。ここでは、女性を怖がらせるガセネタのウソを明かします。

①出産予定日を過ぎると赤ちゃんが大きくなりすぎて出てこないから促進剤を使いましょう…

という予定日神話。予定日はあくまでも平均値で、最終月経初日から280日、排卵日から266日ですが、予定日ちょうどに産まれるのは5％に過ぎません。実際は、多くは予定日の前後10日間に産まれますから、遅れても慌てないことです。

②会陰切開をしないと会陰がびりびりに裂ける…

という脅し。そもそもからだに切らなければならないところなどあるのでしょうか。会陰切開は産婦を分娩台に固定することと、医療の都合で早く仕事を終わらせたいために、無理にいきませることで起こります。フリースタイル分娩といって自由な姿勢で、赤ちゃんの勢いに任せて自然にゆっくり産めば、切れずに産まれて来ますし、切れても痛

みが軽いものです。

③陣痛が近づくと胎動がなくなる…

というどう考えてもおかしなうわさ。陣痛がやってきて赤ちゃんが下がってくると、骨盤の中に入るため、動きが少なくなったり動き方が変わりますが、動かなかったら大変です。陣痛中も赤ちゃんは子宮を中から蹴りながら頑張って生まれてきます。

④高齢出産は難産である…

だから帝王切開って安易じゃないですか？　妊娠したのですから、特別な理由がなければ産めるはずです。産む前から母の自信を奪うことは子育てにも影響します。高齢というだけで切る、切ってもらいたい、というのは赤ちゃんの生まれたい欲求を無視したけちな大人の考えることです。

⑤立ち会い出産はEDになる…

立ち会わせない愚かなデマです。

　出産に立ち会うのは妻のためでもあり、子どものためですが、何より立ち会う夫の感動が主な目的です。血液を想像したり、妻が乱れる姿を見たくない、など嫌がる理由は様々のようですが、立ち会い方にもよると思います。気の利いた助産師なら、産婦さんの状況を見ながらタオルなど

で覆い、陰部が直接見えないように配慮します。しかし、いざ産まれるとなると、思わず覗きこんでしまう子どものような好奇心で立ち会うお父さんもいます。出産は男性にはできないことですが、生まれてきて産声を上げるその場に居合わせることの幸せを味わう権利があります。自分のお子さんのときに立ち会えなかったお父さんは、可能であればお孫さんの誕生に遠巻きにでも立ち会ってみてください。

⑥初産は予定日より遅れやすい…

これも少し考えればウソであることがわかります。初産が遅れるなら全員が予定日を遅れることになってしまいます。そうではなくて、初産は時間がかかるのです。そして、体型にも個人差があるように、その人なりの予定日があります。何人産んでも予定日前のタイプと、何人産んでも遅れるタイプの人に分かれます。多くは予定日前後に産まれるものなのです。

⑦子どもは血みどろで出てくる…

会陰を切るからおどろおどろしいことになります。本来は、膣はゆっくり下がってくる赤ちゃんの頭で、普段の襞が産道になっていきます。そして会陰部もコラーゲンの鎖が外れて不思議なほどじょじょに伸びて頭がつるりと出てきま

すから、おしるしと呼ばれる血液の混じった粘液以外は、胎盤が出るまでほとんど出血しないこともあるくらいです。子宮の中にへばりついて赤ちゃんに酸素や栄養を与えていた胎盤がお役ご免となり、はがれ落ちると出血します。赤ちゃんの頭が出る前に会陰切開をすれば出血しますから、赤ちゃんの頭に血のりがつきますが、裂けた傷は血管が伸びて出血しにくいので、あまりおどろおどろしくなりません。

⑧浣腸しないと便まみれで出てくる…

最近はあまり浣腸はしなくなりました。以前は、陣痛で入院すると、切開の準備として陰部の毛を剃り、陣痛を進めるために浣腸するのが普通でしたが、今はあまり行われていません。

⑨小さい胸はおっぱいが出ない…

むしろ脂肪が多いと乳腺が張りにくいのです。ですから胸の大きさと授乳は必ずしも相関しません。ちなみに感じやすさもしかり、です。

⑩妊娠中は安静に…

妊娠そのものは生理現象ですから、普段通りでいいのです。ただ、普段通りといっても、そもそも女性の月経周期は月

経時や月経前などで変化しますから、自分なりの生活度で、ちょっと控えめに、くらいでいいのです。

　ちなみに、多くの妊婦を不安にする魔法の言葉があります。

　出てきたお腹を見て、「あら、大きいわね」「ちょっと小さいんじゃない？」という無責任な言葉。関心を持ってくださるのは有り難いのですが、超音波検査で見る限り8割の人は正常な大きさ、約1割が大きめか小さめとなります。ですが、誰も「ちょうど良いお腹」とは言ってくれません。妊娠していない女性にとって妊婦は羨望の対象だからでしょうか。

　また、「一人っ子は可哀想」「子だくさんでたいへん」など大きなお世話はまだまだ続きます。大事なのはそうした言葉に振り回されないで、検診で異常がなければ大丈夫と信じることです。

誕生学と誕生死

　性教育というと、性という言葉やその教育内容に議論が百出しますが、誕生学と置き換えてみると、この世に生まれたことのない人はいないので、とてもシンプルです。

　お誕生のことを伝えることは、これから生むことではなく、まず私たちが生まれたこと自体を愛おしむことです。お誕生日は、お母さんがお母さんになる日のことで、生まれた自分のものであると同時に、母に感謝する日とも言えます。

　胎内では、生命であることは間違いないので、刑法上は一人として扱われますが、民法上は生まれるまで相続権等が発生しません。また、生まれてきても、胎内死亡、もしくは息をせずに死産となった場合は死産届となり、出生届ではないので、戸籍上名前が残りません。これは、親になるはずだった夫婦にとっては辛いことです。かつては亡くなった子どもは母には見せずに埋葬処理したものですが、生まれてきたことには変わりないとして誕生死と呼び、亡くなった子を抱いたり、一緒に写真を撮ったりして思い出を残すようになりました。

次の妊娠をどうするか

　妊娠したとたんに避妊のことを考えなくなるものですが、出産後にその次の妊娠をどうするか考えなくてはなりません。避妊は少なくとも妊娠の可能性が高い45歳くらいまでは真剣に考えてほしいものです。避妊がいい加減なために妊娠が恐くてセックスできない女性もいますから、むしろ子宮内避妊器具などで長期的に確実な避妊をして、大人の性を楽しむことを考えても良いと思います。処置は外来でできるので産婦人科で相談してください。

　産後は授乳することで半年くらいまで排卵を押さえる効果がありますが、授乳中でも月経が再開する前に排卵が起こりますから甘い考えは禁物です。特に20代前半までのお母さんでは年子の妊娠が起こりやすく、若くても妊娠や子育ての負担がかかります。また、30代後半以上ではもう妊娠しないだろうと勝手に思いこみ、いざ妊娠すると経済的負担を覚悟で産むか、今さら産めないと中絶するかに分かれます。避妊や中絶はプライバシーに関わることなので、なかなか情報の共有が難しいのです。実は10代の中絶は全体のわずか10％弱で、大人の中絶の半数くらいは夫婦間で起こっています。夫婦間でも不倫でも、大人なら確実な避妊をしませんか。

産後の男女のすれ違い

　産んだときの変化は一時的なもので、膣に大穴が開いたままになるわけではなく、すぐに元に戻りますし、巨大になった乳房も、黒くなった乳輪も、じょじょに元に戻るのですが、イメージとしてはなかなか受け入れ難いかもしれません。女性は産んだら女でなくなるのではなく、女だからこそ産めたのです。産んだ女性が引け目を感じる必要はなく、出産後は見た目や記号としての女から実質的な女性として自分のからだと向き合い、からだの変化を楽しみながらパートナーに伝えていく工夫が必要です。

　女性の性欲は産んでから増す、という説もあります。産道として膣を意識して緩めたり締めたりすることができるようになるからでしょう。一方で、自分が産んだわけでもないのに、一仕事終えたという思いか、男性の性欲は妊娠していない他の女性に向くこともあり、産後は夫婦の危機を迎えます。授乳で夫に目が向かない間に、男性は自分にできることが少ないという無力感も手伝って、気がつかないうちにすれ違っていきます。性についてはどちらがどちらに合わせてもいいのです。女性には一世一代の大変化が起こっているのに、男性のからだには何も変化がないことが問題で、すれ違いが起こります。

産後セックスの醍醐味

　セックスについて語るときは妊娠については省かれてしまいますが、二人の間に妊娠が起こってからのほうがセックスはずっと工夫が必要で、ずっと愛おしくて、そしてうまくいけばこの上なく楽しいものです。出産後に成熟から完熟に至った女体を楽しまないなんて、フルコース料理のオードブルだけで満足してしまっているのと同じくらいもったいないことだと思います。妊娠したら性は終わり、ではなく、それこそが二人の関係の新たな始まりだと考えてみることもできます。

　また、不妊のカップルは10組に1組と多く、不妊治療をしても思うように子どもを授からないこともあります。出会いたいけれど出会えない、あるいは出会わないほうがいい場合もあるのかもしれません。そんなときは、自分たち二人が出会ったことに感謝していつまでも新婚さん気分を楽しむこともできるでしょう。

　人生を10年1単位で考えると、100歳までに10単位しかなく、誰もが20歳までの2単位より長い20歳以上の大人として残り8単位を過ごすのです。10代は性の初心者ですから、性についてすべてがわかるはずはないのです。大人も迷いながら、間違いながら、悩みながら過ごしています。

オトメの ひとつ話

緩いと思うなら
そっちが大きくなればいい

　性反応を学ばないまま、何となく性交している大人たち。女性が十分に性的な反応をして膣が広がるバルーニングを緩い、とつぶやいてしまう彼。緩いならそっちが合わせて大きくなってよ、と言えばいいのに言えない女たち。伸縮性が増しただけなのに。特に産後に言われたら、責任取るのは妊娠させたあなたでは、と言い返しましょう。女性は男性に合わせるもの、我慢するもの、という思いこみは双方を不幸にします。豊かな性とは、相手を替えることもあるかもしれませんが、一人の相手と千一夜を楽しく共にすることではないかと思うのです。

子育ては自分育て

　子どもが欲しいけれどなかなか妊娠しない、妊娠しているけれど出産が怖い、など妊娠・出産は誰でも最初は未知の世界で、経験してみないとわからないことだらけです。妊娠したときの具体的なからだの変化や社会的立場の変化などは、ある程度知っておいたほうが人生うまく行くことが多いものです。「子育て」といいますが、実は育つのは親のほうで、「育児は育自」などともいわれます。日本語のできる大人同士でさえなかなか完璧なコミュニケーションができない中で、言語表現を習得しながら育っていく子どもたちのボディーランゲージや態度などを察知して、生きる道を開くお手伝いをするのは、白いキャンバスに絵を描くのに似ていて、失敗できない怖さと未知の世界の面白さがあります。

　社会性を身につけるだけでなく、その子の可能性を引き出すような子育てには、やはりまず大人である自分たちがどう生きているか、という基本が大事なのです。100％完璧な子育てはなかなか実現しません。完璧に手が届くということは不足が不足します。厳しくしても、優しくしても、ちょうどいいかどうかは後になってからしかわからないことなのです。親が子どもにしてあげたいことと、子どもがそのときしてほしいことが常に完全に一致するなどあり得ないことだからです。

子を持って知る親心

　親に反抗ばかりしていた人が深く反省するのが、子どもが産まれたあとです。子ども目線から親目線に変わるとき、成人はしていても所詮、子どものスタンスだったことに気づくからでしょう。産まれるということがこれほど大変だったとは、産まれてくるまでどれほど心配したか、そしてこうやって育ててくれたのか、親の気持ちはあのときどんなだったのだろう、などとそれまで知らなかった世界が突然開けてきます。子どもを持つ人生も持たない人生もありますが、子どもを持つ人生を選ぶなら、親としての社会的責任の自覚を持ちましょう。

　人を育てることほど大事な仕事はありません。親という仕事は子どもができたから何となく、でできるほど甘いものではありません。人間関係の基本であり、最初の学習の場です。親の生き様を見て子どもは育ちます。

　自分の子どもに対してであっても、人権に配慮できない子育てはどこかで破綻するでしょう。親子関係のつまづきは、摂食障害やうつ状態など、精神的な影響をもたらします。しかし、それすら氷解するチャンスが自分自身の出産かもしれません。出産は、新しい命を産むだけでなく、自分たちが生まれ変わることでもあるのです。

第5章

性の危機管理

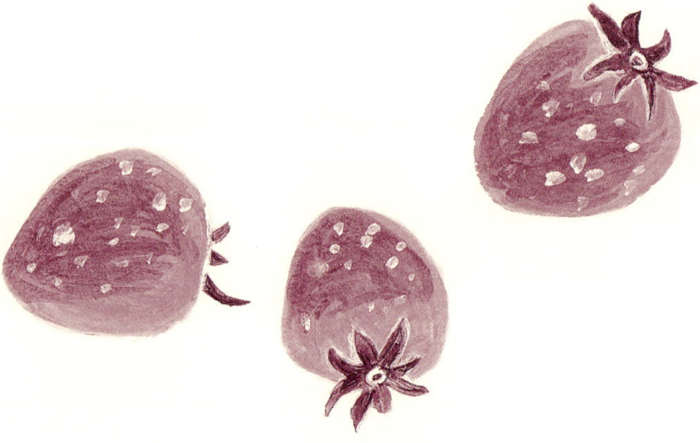

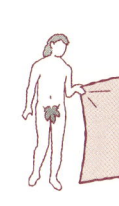

性感染症の症状と対処法

性感染症のリスクが高い現代

　性の問題は、倫理的、社会的、身体的、精神的な側面から論じられますが、性感染症に関してはどうも過度に不幸感をあおる傾向にあるようです。感染症は、たまたま病原体に接触して感染し、発症するものがほとんどです。性感染症の場合は、多くの大人がする性行為で感染することでありながら、その行動を誹られがちです。悪いことをしたからかかるのではないのですが、多くの人が恐れるのは、性感染症にかかるという格好の悪さでしょう。

　かつては、特定の場所で特定の性行動でかかったため、花柳病と称されましたが、今は誰でも簡単に性産業に関わることができますし、恋愛関係でもパートナーが複数であることは珍しくないため、どこからでも感染がやってくる時代になりました。ですから、自分がいくらパートナーを限定しても、相手が1回でも他のパートナーと性行為をすれば、感染する可能性は常にあります。

　性感染症の問題は、かゆみ、痛みなどの不都合が生じること、妊娠していれば子どもにも感染する可能性があること、他の感染症のリスクを高めることなどがあります。

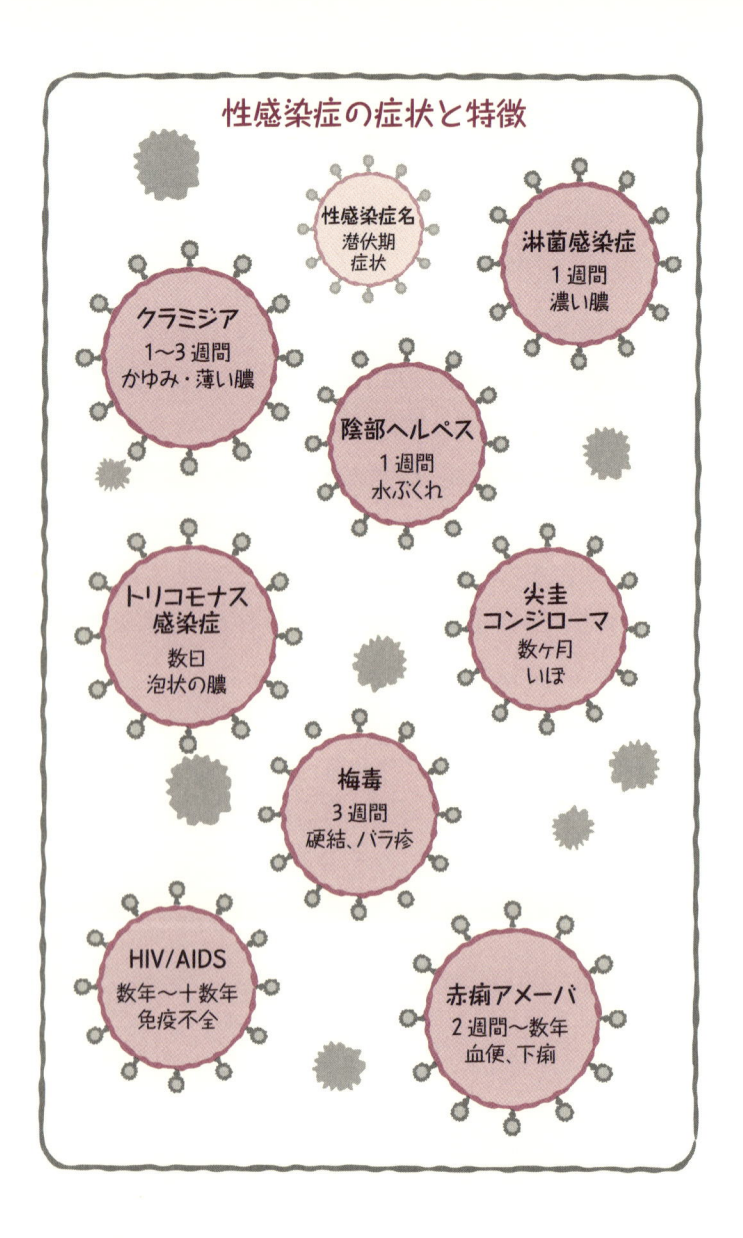

性感染症の症状と特徴

性感染症名
潜伏期
症状

淋菌感染症
1週間
濃い膿

クラミジア
1～3週間
かゆみ・薄い膿

陰部ヘルペス
1週間
水ぶくれ

トリコモナス感染症
数日
泡状の膿

尖圭コンジローマ
数ヶ月
いぼ

梅毒
3週間
硬結、バラ疹

HIV/AIDS
数年～十数年
免疫不全

赤痢アメーバ
2週間～数年
血便、下痢

若い女性に多い病気：クラミジア

　クラミジアは、かつては目のトラコーマを発症する病原体でしたが、なぜか今は、咽頭や性器に住みつく性感染症となりました。男性と女性の感染比率では女性が多く、これは性器の構造上の差によると考えられています。性感染症の中で圧倒的に頻度が高いのがクラミジアです。

　クラミジアは、女性の子宮口に住みつき、子宮頸管炎を起こすために、透明なおりものが増えるといわれますが、男性にくらべて症状は軽微で、あまり激烈なものではありません。そのため、気づかないまま、次のパートナーにうつしてしまうのだといわれています。男性では女性より症状が重く、かゆみやペニスの先から膿が出ます。

　妊娠と同時にクラミジアにかかっている場合、胎児に肺炎や髄膜炎を起こす可能性があるため、妊婦検診で検査し、陽性の場合は妊娠中に抗生剤を服用して治療します。男性がコンドームを使用するのは、かつては主に相手を妊娠させないためでしたが、パートナーの女性からクラミジアをうつされないために使うと考えて、身を守ったほうがよさそうです。

誰でも持っているHPV（ヒトパピローマウイルス）

近年注目されているのが、HPV（ヒトパピローマウイルス）です。これは以前より、外陰部や肛門周囲などに尖圭コンジローマといういぼを作るウイルスとして知られていましたが、子宮の入り口にできる子宮頸ガンの原因になっていることがわかっています。

HPVには100種類ほどの亜型があり、いぼを作る6、11型に代表される低リスク型と、16、18型に代表されるガン化に繋がる高リスク型があります。これらの感染を防ぐのがHPVワクチン、いわゆる子宮頸ガン予防ワクチンです。

HPVは、男女の性器周りに誰でも持っているといわれるほど、とてもありふれたウイルスです。男女ともに性交によって感染しますが、ほとんどは治ってしまいます。10％くらいの女性に子宮膣部の持続感染が起こり、将来的にガンになる可能性があることが問題です。性交開始前の10代のうちにワクチンを打つことで、これからは子宮頸ガンを撲滅できる可能性があります。ワクチンは合計3回筋肉注射をします。すでに性交を開始している女性でも接種できますが、性交経験のある女性は、子宮ガン検診を受けることが大事です。

子宮頸ガン検診とその後の検査・治療

クラスI	正常	年1回の検診（PAP SMEAR：細胞診）
クラスII	炎症	年1〜2回の検診
クラスIIIa	軽度異型成	年3〜4回の検診、精密検査（コルポスコピー＆組織診）

Ⅲaまでは、
良性HPV感染やその他によるものが多い
Ⅲbからは、悪性HPV感染によるものが多い

クラスIIIb	高度異型成	精密検査、治療
クラスIV	CIS(0期のガン)	円錐切除、子宮全摘
クラスV	進行ガン	子宮全摘術、放射線治療、化学療法

ステージⅠ（子宮のみ）　ステージⅡ（骨盤内）
ステージⅢ（骨盤壁浸潤）　ステージⅣ（遠隔転移）

HIV感染症

　性感染症が広く一般に認識されるきっかけになったのは、1980年代に発見されたヒト免疫不全ウイルス（HIV）の感染による後天性免疫不全症候群（AIDS：エイズ）です。最初は死病と思われたエイズですが、抗ウイルス剤の進歩によって、HIV感染者の寿命は他の人と変わらないところまできました。とはいえ、感染したら一生、抗ウイルス剤を服用し続けなければなりません。クラミジアなど他の性感染症を放置していると、HIVにかかりやすくなることもわかっています。

　男女間の性行為でも感染しますが、男性同士の性交MSM（men have sex with men）の間で特にHIV感染が多いのは、肛門性交をするため出血しやすく、感染の機会が増えるからです。男性同士ですから妊娠はしませんが、コンドームの使用が必須です。HIV感染は、HIVウイルスが血液などを介して体内に入ることで、性交以外では輸血や血液製剤によるもの、注射の回し打ちによるものなどがあります。HIVは感染性がそれほど高くないのでキスや握手ではうつりません。感染状態から発症するとエイズという後天性免疫不全症候群を起こし、通常の免疫状態ではかからないような様々な日和見感染によって、カリニ肺炎、サイトメガロ結膜炎など、多臓器不全から死に至ることもあります。

男性がかかりやすい病気：淋菌

　思い当たる性行為のあとで男性がおびえるのは、相変わらず淋菌感染症でしょう。

　一般人の中にも感染者はいますが、比較的性産業従事者に多い疾患です。そうしたお店では、定期的に検査を受けないと仕事をさせないところもありますが、多くは検査費用は自己負担であるためになかなか徹底しないようです。様々なサービスがありますが、手はともかく、口や性器は粘膜であり、コンドームなどの防具がなければ、双方が感染のリスクを持つことになります。

　淋菌感染症は、圧倒的に男性がかかりやすい疾患で、尿道の痛みやペニスの先から膿が出るなど激烈です。パートナーが淋菌にかかった場合、女性も感染することがありますが、男性のような泣きたくなるほどひどい症状ではないことが多いようです。ただし、慢性化すると下腹痛や不妊原因にもなります。妊娠中に母体が感染していると、新生児が結膜炎を起こします。

　淋菌は抗生剤で治療しますが、抗生剤が効かない耐性菌が多いのが特徴です。飲み薬より点滴治療が効果的です。

古くて新しい新興再興感染症：梅毒

　16世紀の大航海時代は、人の移動が梅毒の蔓延に寄与したことで知られています。ボードレール、ベートーベン、ゴーギャン、ハイネなど、様々な人と交流していた芸術家の感染が知られています。

　日本でもかつては遊女からもらう病気でした。昭和の時代はまだ、遊んできた夫からうつされた妻がいて、妊娠初期の検査や手術前の検査で見つかることがありました。今は本当に減りましたが、HIV感染とともに、新たな感染者も見つかっており、新興再興感染症と呼ばれています。

　梅毒は、病原体もわからず治療薬のなかった時代には、進行していくのを見ているしかありませんでした。進行度によって4期に分けられています。感染から3週間頃に初期硬結（硬性下疳）というしこりが陰部にできます（1期）。感染から3ヶ月経つと梅毒疹（バラ疹）という発疹ができます（2期）。感染から3年以上経つと、結節性梅毒疹やゴム種と呼ばれるぶよぶよした腫瘤ができます（3期）。そして、末期には大動脈炎を起こしたり、脊髄癆、進行麻痺など痛みや麻痺を起こします（4期）。

　梅毒は淋病と違って、抗生剤のペニシリンがよく効きますので、治るまでペニシリンを1〜2ヶ月服用し続けます。

精神的に落ち込みやすい性器ヘルペス

　ヘルペスウイルスもありふれたウイルスです。皮膚や粘膜に感染しますし、脳血管バリアを通ってしまうため、髄膜炎も起こします。しかし、性器ヘルペスは性行為でうつるとされています。局所から入ったウイルスは所属神経根に住みつき、増殖しては症状を起こします。潜伏期が約1週間と短いために、だいたいいつの性行為でうつったか思い当たります。様々な性感染症がありますが、ヘルペスほど精神的に参ってしまう病気はエイズを除いてありません。初発症状の水疱が潰れてただれると、男女とも痛みがひどく、排尿困難になるなどの症状のせいもあるでしょうが、人に言えない、自分だけどうしてかかったのか、再発するのではないかなど、精神的に追い込まれがちです。

　ヘルペスウイルスには、口唇型のⅠ型と、陰部型のⅡ型があり、オーラルセックスの一般化により、どちらも口にも陰部にも感染することがわかっています。Ⅰ型は再発が少なく、Ⅱ型は再発しやすいのが特徴です。塗り薬より飲み薬で治療します。再発を繰り返す場合は、1、2年の間、抗ウイルス剤を飲み続ける持続抑制療法を行います。これによって再発が抑えられるだけでなく、パートナーの感染も予防します。

その他の性感染症

　性感染症の中には、これまでご紹介してきたもの以外にも様々な感染源があります。大きな病原体としては、ダニによる疥癬、陰部にうつるケジラミなどがあります。これらは寝具などからもうつります。

　水の中を泳ぐ原虫には、トリコモナス、赤痢アメーバなどがあり、温泉やスパからうつることもあります。トリコモナス感染は、典型的には白色や黄色の泡沫状のおりものが増えますが、カンジダ膣炎と間違えられやすく、なかなか治らないことがあります。

　赤痢アメーバは肛門性交でうつる疾患で、大腸、直腸、肝臓などに潰瘍を作り、粘液血便が出て下痢や腹痛を起こします。また、A，B、C型肝炎なども、血液を介して性的接触でもうつるので、広い意味で性感染症と考えられます。いずれも、症状が気になったら、恥ずかしがらずになるべく早めに専門科を受診することです。性病科・皮膚科という看板を掲げた診療科もありますし、女性なら産婦人科、男性なら泌尿器科で診てもらえます。問題は若い男性が受診しにくいことです。思春期外来という形で受診しやすくなるといいと思います。行動の如何に関わらず、医療が懲罰的な態度をする必要はないはずなのです。

性感染症病原微生物の種類

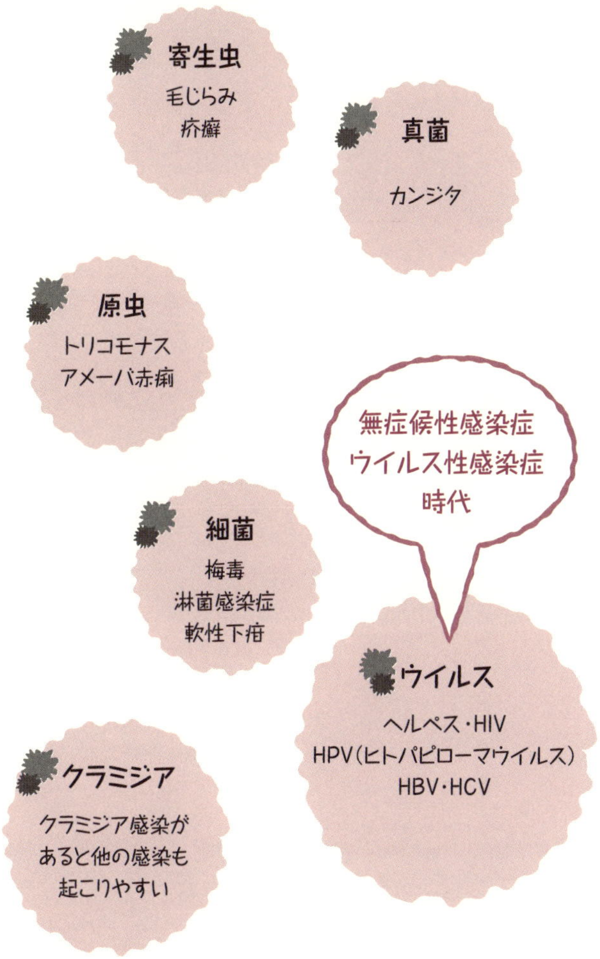

寄生虫
毛じらみ
疥癬

真菌
カンジタ

原虫
トリコモナス
アメーバ赤痢

細菌
梅毒
淋菌感染症
軟性下疳

無症候性感染症
ウイルス性感染症
時代

ウイルス
ヘルペス・HIV
HPV（ヒトパピローマウイルス）
HBV・HCV

クラミジア
クラミジア感染が
あると他の感染も
起こりやすい

第5章 性の危機管理

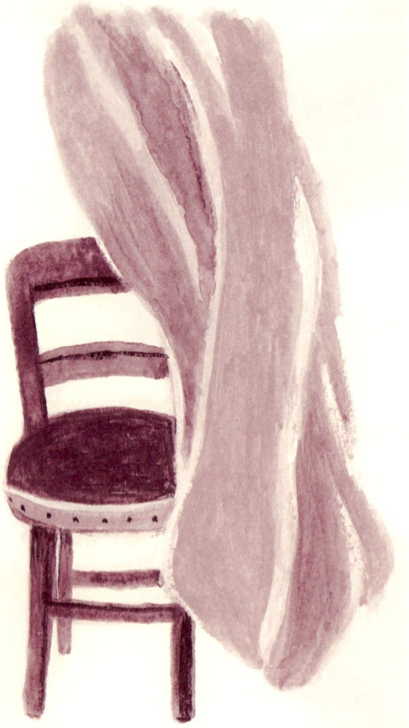

避妊法・不妊治療

たかが妊娠、されど妊娠

　できちゃった結婚がスキャンダラスに報道されるようになって、妊娠というのはたまたま起こるヤバイこと、などと思っている人が増えたのではないでしょうか。お付き合いをしてお互いの意思を確認し、結婚してから性交を始める人はむしろ少数派になったようです。

　妊娠は女性の人生にとって一大事であるにも関わらず、男女ともその素晴らしさを教わっていないためか、月経が遅れて妊娠検査薬で調べたら陽性になってしまい、「どうしよう？」とそれから考えるのが一般的になりました。先にも述べたように、妊娠というのは女性にとっては当たり前の生理現象ですから、いけないことであるはずがありません。

　しかし、妊娠の先には出産があり、子どもが産まれてくる、ということを考えれば、無計画に手放しで喜べないのも事実でしょう。妊娠は思いがけずしてしまうものではなくて、避妊という方法をもう少し冷静に確実に行うということを考えるべきです。

　妊娠さえコントロールすれば、女性の人生はずっと計画

第5章　性の危機管理

しやすくなります。自立して生きることも、好きなときに好きな人の子を授かることも授からないことも、もっと自由になります。もっとも、妊娠したいときに妊娠するにはからだのメンテナンスが大事です。婦人科疾患がないか、排卵しているかなど、自分が妊娠可能かどうか、基礎体温などをつけて確認しておくのもいいでしょう。妊娠は男性にとっては所詮人ごとだと知っておくべきです。

効果的な避妊法

　避妊は確実でなければ意味がありません。とりあえずでは避妊ではありません。避妊の方法はまだコンドームだけだと思っていませんか？　コンドームの避妊失敗率は年間２％程度で、これは10年間では延べ20％になります。日本では認可が遅れに遅れた低用量経口避妊薬（ピル：OC)は、ある一定期間避妊をするには最適です。ピルの失敗率は0.2％ですから、10年間では２％ですが、コンドームよりはるかに確実です。性交とは関係ないのですから、ビタミン剤を飲むように習慣にしてしまえば、これほど簡単なものはありません。コンドームでの避妊は失敗が多く、結果的に人工妊娠中絶を受けることを考えれば、ピルの確実性は頼りになるものです。

　また、意外に多いのが中高年のコンドームでの失敗です。きちんと着けていても、萎えるのが早いと外れたり漏れたりして悲しい妊娠が起こります。避妊は男性の責任という考え方もありますが、妊娠するのは女性のからだですから、女性が自分で守ることが先でしょう。ピルを毎日決まった時間に服用することで排卵を抑えることができますから、きちんと飲めばほとんど妊娠することはありません。関係の不安定なカップルでは、ピルかコンドームかではなく、ピルもコンドームも使用するのが正解です。

避妊法の効果の比較（2007年）

方法	普通の使用	理想的な使用	1年間後の継続率	
インプラノン埋め込み	0.05	0.05	84	
ホルモン附加IUS	0.2	0.2	80	
銅附加IUD	0.8	0.6	78	1%未満
女性不妊手術	0.5	0.5	100	
男性不妊手術	0.15	0.10	100	
デポ・プロペラ注射	3	0.3	56	
ヌバリング	8	0.3	68	10%未満
エブラパッチ	8	0.3	68	
OC/ミニピル	8	0.3	68	
男性用コンドーム	15	2	53	
女性用コンドーム	21	5	49	
ペッサリー	16	6	57	
スポンジ				
未産婦	16	9	57	10%以上
経産婦	32	20	46	
排卵予測法	25	5	51	
膣外射精	27	4	43	
殺精子剤	29	18	42	
避妊なし	85	85	-	

注：色文字は日本にないもの

Source: Trussell J. Contraceptive efficacy. In Hatcher RA, Trussell J, Nelson AL, Cates W, Stewart FH, Kowal D.
Contraceptive Technology: Nineteenth Revised Edition. New York NY: Ardent Media, 2007.

緊急避妊とは

　かつてモーニングアフターピルと呼ばれたものです。日本でもようやく認可になりました。プロゲステロン製剤を服用するだけで着床を防ぐことができるので、事後に処方してもらいます。緊急ですから毎月、毎日のように使用することはできません。あくまでも、コンドームの破損やピルの飲み忘れ、レイプなど、限られた状況で使用します。緊急避妊をした後は、次の避妊を真剣に考える必要があります。若い女性なら妊娠の不安を持ち続けるよりも、そのままピルに切り替えて避妊を確実にするのもよいでしょう。学生なら養護教諭に相談して産婦人科を紹介してもらうといいでしょう。

　親に避妊の知識がないと、子どもに対してただ性交を禁止しがちですが、今の若者は全体の80％が10代で性交を開始しています。中学生は性交しないほうがいいと思いますが、高校生ともなると、禁止するだけでは子どもを守れません。本気で我が子を守るためには、親がピルを含めた避妊の知識、緊急避妊の存在を知ることが必要です。そうすれば、いざというとき、慌てずに済むでしょう。息子を持つ親も同じことです。

性のコトバ

◆ 避妊

contraception。妊娠したくない女性やカップルが、妊娠を避けるために妊娠に至る過程を妨げる行動をとったり、器具や薬を用いたりすること。

一つの方法で一生使える方法も、万人向きの方法もなく、いずれの方法も向き不向きと、利点・欠点があるので、適切な選択と習熟が必要となる。日本ではこれまでコンドームとリズム法が主に利用されてきたが、ピルや子宮内避妊器具（IUD）など近代的避妊法の認可により、確実な方法を選ぶ傾向になると思われる。

◆ ピル

pill。世界中で最も広く普及している避妊薬で、年間9000万人以上が利用している。少量の合成女性ホルモン剤のエストロゲン（卵胞ホルモン）とプロゲストーゲン（黄体ホルモン）の合剤を毎日服用することで脳下垂体からの排卵が抑制され、28日周期の月経となり、正しく服用すれば妊娠をほぼ100％防げる。

低用量ピルとは1錠当たりエストロゲンが50マイクログラム未満のものを指すが、現在日本で手に入るものは30〜40マイクログラム、海外では低用量の15〜20マイクログラムのものも使われる。保険適用がなく自費診療となるが、子宮内膜症や月経困難症の治療、

月経周期の調節にも使える薬であり、医師に処方してもらう。2008年から発売となった子宮内膜症治療用のルナベルは低用量ピルの一つと同じ組成である。当初、処方の際に採血や性感染症検査などが推奨されていたが、06年から処方にかかる検査が見直され簡素化された。そのためピルはより入手しやすくなった。

◆ 人工妊娠中絶

妊娠を人工的に途中で終了すること。妊娠12週未満を初期中絶、妊娠22週未満を中期中絶といい、ここまでが法的に可能な期間。刑法第29章に堕胎罪があり、中絶は基本的に殺人罪の一つになっている。しかし母体保護法で定められた規定に当てはまれば医師も中絶手術を受けた女性も罪ではあるが罰せられない。現在、中絶の99％は同法の14条1項の「母体の健康を著しく害するおそれ」によって行われている。中絶手術は都道府県医師会による母体保護法指定医のみが行える。各医師会への届出義務があるが、届出数が正確であるかどうかは明らかではない。戦後100万件以上あったが、2009年にはさらに減って22万3444件となった。

◆ 母体保護法

1948年に敗戦後の食糧難から人口抑制の必要性が生じて制定された優生保護法が、96年に母体保護法となり、優生思想に基づく障害者差別の項目が削除された。この特別立法により、刑法の堕胎罪が適用されず、事実上中絶が合法化されている。ただし、母体保護といいながら女性が自分の意志で行えるというスタンスにはほど遠い。

月経と出産の健康リスク

　現代は、女性がそれほど子どもを産まない時代です。生涯の1人当りの平均出産数を合計特殊出生率といいますが、この数値が2.1人の場合、置き換え水準といって、人口が増えも減りもしない数値を表します。かつては日本も多産多死でしたし、昭和の初期には妊娠で母体が亡くなることも決して珍しくなかったのです。

　21世紀に入り、日本の合計特殊出生率は1.32〜1.26程度で、確実に置き換え水準を下回っており、2005（平成17）年からはついに日本の人口は減少を始めました。2050年には日本の人口は現在の3分の2ほどの8000万人になり、3人に1人は65歳以上になるといわれています。人口が減るからもっと産んでくれ、といわれても、今さら女性の人生はそれほど出産することに向かいません。

　そのため、妊娠中や産後の無月経期間が減り、現代女性は無駄に月経を繰り返しています。妊娠のリスクは妊娠しないことで回避できますが、逆に産まないことで月経痛や過多月経など、女性の日常を脅かす婦人科疾患に繋がる子宮内膜症や子宮筋腫が増えるというリスクを請け負っているのです。

ピルは現代女性の味方

　避妊もできて月経も軽い、そんなピル（経口避妊薬）が日本ではまだ敬遠されています。海外では、50年にわたって女性の健康管理に使用されてきたピルですが、開発の経過や日本の政治的な流れの中で、偏見を持たれ続けている薬です。実は、ピルの最初の研究発表は1959年、日本での会議でした。

　少量のホルモン剤を飲むことで、排卵を押さえ、妊娠を回避できます。ピルで無駄な排卵を押さえることが卵巣を保護することになり、卵巣ガンの予防になります。ホルモンバランスを整え、ニキビも治療できますし、月経痛も軽くします。ピルを飲まないで妊娠を先送りにしていれば、子宮内膜症などの女性疾患も増加するし、避妊に失敗することもあります。

　ピルと言えば副作用、とされていたのは開発当初のホルモン量の多かった時代のことで、今は低用量化され、安全になりました。写真を撮られると魂を抜かれる、というのと同じくらい、科学技術に無知な都市伝説といえるでしょう。

　妊娠回数が少ない現代女性には、ピルの使用は無駄な心配も、無駄な排卵も、無駄な妊娠も起こらない女性の味方です。自然を守るのは素晴らしいことですが、望まない妊娠という女性だけに起こる自然災害に対して、科学的な対策をしないのは不思議です。

第5章　性の危機管理

避妊・人工妊娠中絶の方法

①妊娠したくないときにとる方法（避妊）

1）禁欲
2）自然家族計画法（器具・薬なし）、リズム法
3）バリア法（コンドーム）
4）ホルモン避妊法：ピル、注射法、埋込法、IUS
5）子宮内避妊器具（IUD：Intrauterine Devices）
6）不妊手術（男性・女性）

②妊娠したかもしれないときの方法—緊急避妊法（EC）

③妊娠してしまってからとる方法（中絶）

人工妊娠中絶：手術、中絶ピル（Mifepristone）

不妊症・不育症

　10代女性の不妊症は5％程度ですが、女性は年齢とともに妊娠しにくくなっていきます。一般に不妊症カップルの割合は10〜15％程度と言われています。40代になると、体外授精などの生殖補助医療を用いても、妊娠率は10％程度です。

　不妊原因は男女半々です。男性では乏精子症、逆行性射精などがあり、女性では排卵障害、卵管閉塞などが主な原因です。授精障害、着床障害などは不妊治療を進めると見つかります。検査や治療は、男女双方が同時に始めるのが理想的です。治療に疲れたときは少し休んでみることも大事です。

　精子を子宮内に入れる人工授精や、取り出した卵子と精子を授精させて子宮に戻す体外授精、顕微授精や胚盤胞移植など、治療技術は日進月歩ですが、必ずしも妊娠できるとは限りません。流産を反復する場合は習慣性流産、または不育症といい、免疫治療などの治療法があります。治療中は先の見えない辛さと、どうして自分たちだけ、という不公平感がありますが、そもそも妊娠は公平ではありません。子どもの授からない人生は受け入れがたいことですが、この世に来られない子どもの事情もあるかもしれません。会えなくても、目の前にいなくても、夫婦仲良く楽しく暮らしてみせるのも「親」なのではないでしょうか。

不妊の原因

通常の夫婦生活を営んで、
2年以上経過しても妊娠しないもの

男性不妊

①造成機能障害
②精嚢、前立腺の炎症
③精管の閉塞（クラミジア、ヘルニア等）
④インポテンス、射精不全（遅漏）

女性不妊

①卵管閉塞（クラミジア、子宮内膜症等）
②排卵障害（視床下部性、多嚢胞性卵巣症候群、
　高プロラクチン血症等）
③頸管粘液異常（頸管炎、抗精子抗体）
④着床障害（子宮筋腫、子宮奇形）
⑤黄体機能不全
⑥機能性（原因不明）

不妊治療の方法　体外受精 - 胚移植法（IVF-ET）

In-vitro fertilization & embryo transfer(IVF-ET)

卵管が詰まっているとき、
他の方法で妊娠に至らないときに行う方法

実施方法（概略）

① 排卵誘発剤を使って卵胞を発育
② 卵巣に針を刺して採卵
③ 夫から精子を採取
④ シャーレ内で受精
⑤ 受精卵を分割させる
⑥ 分割した受精卵（胚）を子宮内に移植

費用は1クール30〜50万円程度かかる
排卵誘発剤の注射に通うと月の半分は通院

第5章　性の危機管理

オトメの
ひとつ話

婦笑夫笑でうまくいく

　不妊治療中の方や、セックスレスなど性の悩みを抱えた方に共通しているのは、笑顔が少ないことです。悩みがあるのですから当たり前ですが、身体も心も冷え冷えとしていてはホルモンバランスも安定せず、セックスも妊娠もうまくいかず悪循環になります。笑顔は相手に対する無償のプレゼントであり、自分へのご褒美です。会ったときはもちろん、別れ際には、二度と会えなくても後悔しないくらい最高の笑顔を見せてあげましょう。男性も同じですが、特に女性は、ホルモンバランスや身体の冷えを解消するには、何があっても笑っていることです。
　いつか心の底から笑える日が来ます。

第6章

社会の中の性

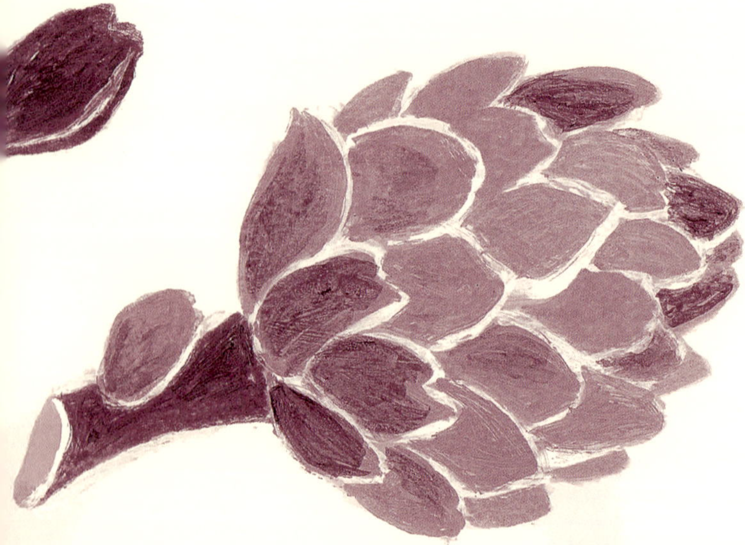

性にまつわる諸問題

性犯罪は人権侵害

　性は関わる人の同意で行われるのが理想ですが、性欲を一致させることも、お互いの行動を予測することも難しいものですから、時に双方の認識が著しくずれてしまうことがあります。親しい間で起こる性犯罪には、望まない妊娠をもたらしてしまうような避妊ができない性行動も、嫌がっているのを喜んでいると勘違いすることなどもあり、そうした行為は夫婦であっても性暴力と考えられるようになりました。

　また、明らかにターゲットを定めて自分の欲望を満たす行動には、強姦や強制わいせつ、強盗強姦などがあります。他者の尊厳を損ねる行為にあたり、被害者にとっては耐え難い人権侵害となります。また、下着泥棒や淫行、のぞき、盗撮、児童買春など性犯罪を裁く法律や条例はありますが、被害側からすればまだまだ手ぬるく、実際は犯罪者を捜して逮捕してもらうのも簡単ではありません。とりわけ密室で起こったことは、目撃者などもいないことが多いため、犯罪行為と特定するのも難しいものです。

日本はポルノ大国

　性といえば雑誌やインターネット、そして繁華街にある様々なお店が専売特許だと思っている人もいるかもしれません。性産業は太古からある職業ともいわれますから、そう簡単になくならないと思います。また、性産業で生活している人をCSW（コマーシャルセックスワーカー）といいますが、職業選択の自由を考えれば、安全に仕事ができるということも大事なことです。ただ、搾取の対象になりやすく、妊娠や性感染症のリスクもあるので、対策を講じることも必要です。

　日本は電車内の吊り広告や書店での雑誌売り場など、誰の目にも触れる場所にポルノが置いてあるという点で特殊な国だといわれます。一時期は世界中の児童ポルノの80％は日本発だったという汚点も残しています。一方で、エロスのない家族、夫婦も多いようです。

　その悪循環は子どもたちの性に影響します。売る性の概念を伝えているのは大人たちです。若い女性が売ってお金のある男性が買うものが性、だと教えていいのでしょうか。性産業を否定するわけではありませんが、性の本質は売るポルノではなく、愛情、エロスであることを身をもって伝えるのは、家族の大事な役目だと思います。

「性」は心が生きること

りっしんべんに生きると書く「性」というのは不可思議なものです。好きだという思いがストレートに通じることは嬉しいことでしょう。うまくいかないこともあります。また、思っているだけで妄想を膨らませている間のほうが幸せで、手に入れたとたんに急に冷めてしまうこともあります。性の駆け引きは大脳の遊びで、単純なものではないのかもしれません。

性の駆け引きはどうやって始まるのでしょう。性の趣向には相手をいじめるのが好きなサディズムと、いじめられるのを好むマゾヒズムがあります。

直球ばかりではうまくいきません。変化球あり、サプライズあり、そこにはドラマが隠されています。また、心地よさは攻める・攻められる関係や、愛する・愛される関係からも生まれます。穏やかさだけでも、激しさだけでもない、恋や愛のシーソーは、動きを求めているのだと思います。相手を揺さぶる、できれば魂を揺さぶる恋や愛、ありとあらゆる駆け引きは、掛け値なしのインパクトで私たちを官能に導くでしょう。その小道具は、芸術や自然の中にもありますし、アロマやコスプレを用いたり、シチュエーションを替えたり、旅行に行くなど、健康を害さない限り何を使ってもいいのです。

性産業で働く人の健康

　性産業に従事するというのは最古の職業ともいわれ、将来的にもなくならないと思います。人は誰でも得意な技能を生かして職業とする権利があるのですから、向いている人がいるのは確かでしょう。問題は、性に関する仕事は搾取の対象になりやすかったり、密室でどちらかが被害を受けたり、あるいは歴史的には人身売買の被害者であったりしました。職業に貴賎はありません。私のように医師という仕事も、病気の人がお得意様なわけですから、いないと困るとはいえ、熱心に営業するわけにもいかないお仕事です。

　食欲を満たすのにレストランがあるように、性欲を満たす場所があります。問題はその対価が評価しにくいことだと思います。性産業に従事している人権や健康を守ることも大事なことです。男女の性的ダブルスタンダードが当たり前だった時代は、金持ちの息子はその手の方に手ほどきを受けたとも言われます。様々なスクールばやりですが、セックストレーニングのないまま、素人同士でやってみてもうまくいかないこともあるだろうということは想像に難くありません。公娼制度とまでは言いませんが、もう少し職業としてルールが整備されてもいいような気がします。

性の自由と人権

　性に関して自由であるかどうかは一人ひとりの人生にとって大事なことです。ただ、相手がある以上は完全に自由であるはずはありません。そこが性の難しさであり面白さでもあるのです。生殖に関わることは特に女性の健康にとって大変重要です。日本ではインフラの整備や衛生状態の改善、そして医療の進歩などにより、母体死亡や周産期死亡は激減しました。しかし、世界では未だに妊娠・出産で亡くなるお母さんが後を絶たない地域もあるのです。

　「性と生殖に関わる健康とその権利」のことをリプロダクティブヘルス、リプロダクティブライツといいます。これは誰にとっても重要な概念です。また、同様にセクシュアルヘルス、セクシュアルライツという概念があります。これも個人個人の性の健康やその権利を保障する大事な人権と考えられています。

　誰にでも権利はありますが、権利と権利はぶつかることがあり、誰でも他人の権利を脅かしてまで自分の権利を主張することはできません。ですから、そこはコミュニケーションで譲り合うことや、ジェンダーバイアスなどにとらわれずにお互いを尊重することが求められるのです。

第6章　社会の中の性

オトメの ひとつ話

産む女性をいたわって

　何かと、女は男のようには仕事ができない、と決め付ける上司に悩む女性へ。男にできて女にできない仕事、というより、女にできて男には決定的にできない仕事が妊娠・出産です。男から産まれてから大口叩けよ！って言ったらすっきりするかな。このおやじ発想には、実は働く女性も蝕まれていて、職場で妊婦に冷たい人の中には、自覚のないおやじ化した女性が含まれています。産む産まないはそれぞれの自由だけど、みんな、母から産まれたんだから、産む女性をいじめるのはやめましょう。

人生を大きく狂わす性被害

　性に関する被害とは、先にふれたような性犯罪を受けることですが、被害と認識しないまま過ぎてしまうこともあります。尊厳というのは何か、形のない、その人のありようなのでしょうが、それが壊されることは耐え難い痕跡を被害者のこころに残します。何かとても嫌なことが起こったという程度にしか思わないことが多いのですが、その後の人生が大きく狂っていきます。

　そのときは何でもない気がしていても、あとからふと思い出したときに嫌な気持ちになったり、自分が汚らわしく思えてしまったりします。そのときだけではなく、長期間支えていくことが必要です。また、セカンドレイプにならないように、警察でも何度も事情を聞かないで済むような工夫がされるようになりました。

　性被害の多くは顔見知りによって起こります。家族内で起こるときが最も被害を見えにくくし、被害者に深い傷をもたらしてしまいます。被害は女児に多いのですが、男児にも起こります。男児の場合は、家族からの被害の他、同性による集団暴行の延長に、下着を脱がせるといったことが起こったりします。大人になっても性的な行為が苦手だったり、受けた行為と似たことを求めたりしてしまいます。

第6章　社会の中の性

日常生活を壊す性依存

　男性では特に、性的満足が得られない生活の場合、対象を探して相手を困惑させる行動をとることがあります。いわゆる露出癖と呼ばれるもので、路上や電車で女性に対して性器を見せるなどします。露出癖の女性もいますが、社会のしくみとしてそれはいわゆる"売買春"に繋がります。あるいは性行為でしか相手との距離を測れなくなり、性依存になりがちです。

　性依存は、相手構わず性交を求めて止まない状態で、生活が乱れていきます。性産業に取り込まれていけば、それなりの収入に繋がりますが、搾取の対象になったり、薬物乱用の被害者にされることもあります。依存は誰にでも起こり得ますが、社会的に許容される仕事依存や読書依存とは異なり、アルコールや薬物依存、性依存はそのままでは生活できず、かといって抜け出すことも困難です。

　自助グループやカウンセリングなど、支えてくれる人の存在が欠かせません。身一つで生まれてきたところまで立ち返って、人生をやり直す気持ちが必要です。

人工妊娠中絶と刑法堕胎罪

　育てられない状況なら妊娠しなければいいのですが、日本では人工妊娠中絶がまだ年間20万件以上も行われています。しかし、誰も中絶したくて妊娠するのではありません。中絶は殺人かどうかという議論があります。その前に、産む予定のない女性に精子を託す男性の責任はどうなのでしょう。

　日本では中絶に関して刑法堕胎罪があります。中絶は罪となりますが、母体保護法（旧：優生保護法）に基づいて、処置を行う医師と処置を受ける女性の免責が認められています。人工妊娠中絶に関する法律は、男性に関しては不問で、女性だけの問題のように扱われています。つまり、妊娠した女性が悪く、堕ろす女性はなお悪い、というのが世論ですが、産んでどうなるものでもない場合、仕方のないことです。女性は妊娠してしまったことと、身を削ってその子を堕ろすことで二重三重に傷ついてしまいます。中絶を考えて受診する女性には、大好きな男の子どもは借金してでも産んでおきなさい、そうでない場合は、ご縁がなかったことに気づくために天使が来てくれたと悟り、きっぱりあきらめなさい、と伝えています。あとで産みたくなっても産めないこともあるからで、あながち間違った選択方法ではなさそうです。

第6章　社会の中の性

人工妊娠中絶の実施率（年齢階級別）

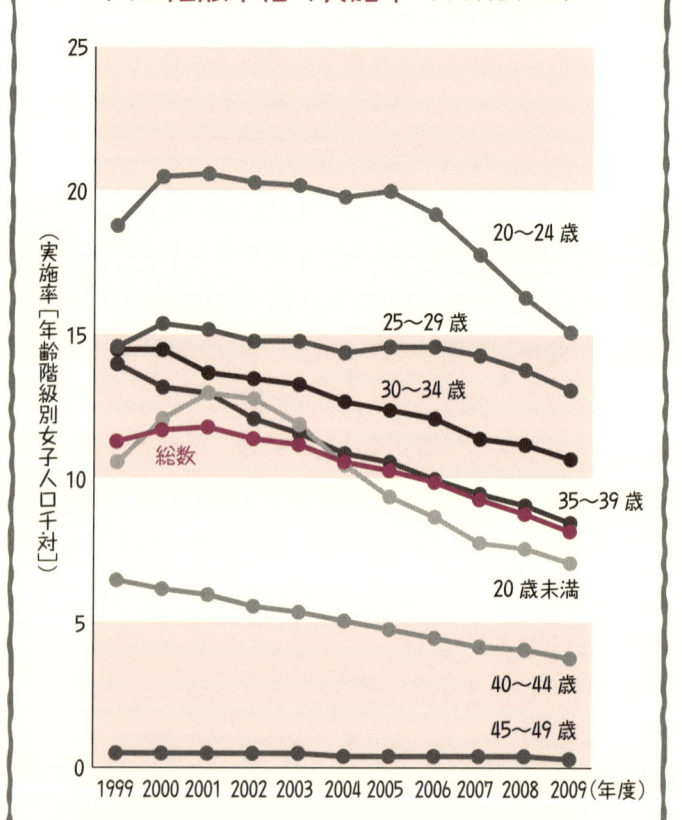

（実施率［年齢階級別女子人口千対］）

グラフの凡例：20〜24歳、25〜29歳、30〜34歳、35〜39歳、20歳未満、40〜44歳、45〜49歳、総数

1999 2000 2001 2002 2003 2004 2005 2006 2007 2008 2009（年度）

1999年度（平成11年度）の人工妊娠中絶件数の総数は33万7288件、実施率11.3（15歳以上50歳未満女子人口千対）で、2009年度（平成21年度）は総数22万3444件、実施率8.2となっており、減少傾向にある。厚生労働省調査。

中絶処置の実際

　処置は流産も中絶も一緒です。子宮の出口を機械的に開き、細い器具で子宮の中身を取り出します。処置は静脈麻酔で行い、眠っている間の10分程度で終わります。しかし、流産処置は保険診療ですが、中絶処置は自費になります。このことも、お金がなくて産めない決断をする女性にとって大変な負担です。日本の保険診療は女性に優しくない、というのが私の持論です。ついでに言えば、日本の産婦人科医療は、まだまだ女性の性の問題に関わることを避けています。避妊についても性機能障害についても、十分な対応がなされていません。性差医療から特化された女性医療も、性に関しては十分に関わることができていません。

　ちなみに、妊娠11週6日までは初期中絶、12週0日から21週6日までが中絶可能期間です。それ以降は基本的にいかなる理由であっても人工妊娠中絶は法的にできません。胎児条項もないので、無脳児や染色体異常などで生きられない子であっても途中で妊娠をやめることはできません。

　中絶の手続きには妊娠している女性と相手の同意のサインが必要です。相手がわからない場合や連絡が取れなくなった場合、また未成年では親の同意がいるなど、法的手続きについても困っている女性に優しくなっていません。

性の現実と宗教的解釈

　宗教と性について語るのは大変難しいことです。宗教と医療は人を守り助けるためにあると理解していますが、時に宗教と医療は人を苦しめてしまいます。それは宗教や医療そのものの問題というよりは、それを運用している人間の問題でしょう。様々な宗教がありますが、概ね男女の関わりを夫婦に限定しています。限られた資源で誰もがほぼ公平に生涯を安定させる秘訣だからでしょう。しかし、DV（家庭内暴力）のようにすでに関係が壊れてしまったときに離婚できる手段があることも必要でしょう。

　離婚を認めない宗教も、婚外性交を厳罰に処する宗教もあります。何に導かれるかによって規範が違うのは、気候・風土、慣習などが違えば当然のことです。しかしながら、宗教的な厳密性にも限界があります。性同一性障害の方が性別判定手術を望むことに対して、神の領域を犯す行為だという考え方もあります。しかし、それならばなぜ神は性分化疾患や染色体異常の方をこの世に送り出すのでしょう。そもそも生物には様々な性や性別役割があります。同性愛や性同一性障害、1970年代以降の生殖補助医療による妊娠など、従来「神の領域」と思われてきたことの変容に、宗教的解釈が追いついていないとも言えるのではないでしょうか。

ドメスティック・バイオレンス(DV)

　家庭内暴力、デートレイプなど、親密な間だからこそ起こることで、加害側も被害側もどうしようもなく、両者のこころもからだもむしばみます。暴力の9割は男性から女性に加えられますが、1割は女性から男性への暴力と言われています。時には被害者が亡くなるまで暴力が続くこともあり、加害者側は通常、暴力を正当化したり、相手が悪いからだと思いこんだり、暴力と意識していないことが多いようです。また、被害を受けているほうも、パートナーにも優しいときがあったり、自分がそばにいないとだめになってしまうと心配して、暴力をふるわれても離れられないなど、お互いが密に結びついているからこそ、暴力をふるう・ふるわれる関係性を続けていきます。

　まったくの他人では考えられないほどのこうした歪みは性差の思いこみによるもので、ジェンダーバイオレンスとも呼ばれます。性や愛情というものが、相手を束縛したり、主従関係であるという思いこみや、育った過程での刷り込みから離れられないときに起こりやすく、女性が経済力を持たない限り抜け出すのは容易ではありません。お互いでなければ成り立たない共依存的な関係で、一人で生きる力のない男女がもたれかかって成り立つ悲しい関係です。

【ドメスティック・バイオレンスの特徴】

こんなサインに注意!

◆男性（加害者）：

・いつも一緒にいることを要求する。

・嫉妬心が強い。

・異性の友人と交流することを許さない。

・頻繁に携帯やメールが来て、過ぎ対応しないと怒る。

・どこで何をしているか、行動のすべてを知りたがる。

・デートの内容は全部彼が決める。

・服やヘアスタイルなど自分の好みを押し付ける。

・感情の起伏が激しく、突然怒り出す。

・手をつないだり腕を組んだりしていつも身体に触れている。

・女性が意見を述べたり主張したりすることを嫌う。

・女性の家族の悪口を言う。

・交際相手を自分の所有物のように扱う。

・コンドームを使いたがらない。

・別れ話になると「自殺する」と脅す。

・重要な判断を女性に任せ「お前次第だ」と言う。

◆女性（被害者）：
・不審なアザがある。
・学校や職場を休みがちになった。
・不眠を訴える。
・最近、痩せてきた。
・家事や学業、仕事に身が入らない。
・子どもをないがしろにする。
・子どもに執着する。
・友人、知人のつきあいが疎遠になる。
・電話に出ない。
・音信不通になる。
・何かに脅えている。
・外出をしなくなる。
・能面のように無表情になる。
・隣近所が悲鳴や泣き声、怒鳴り声を聞く。
・ちょっとした怪我や火傷をよくする。
・自殺未遂をする。

NPO法人 全国女性シェルターネット作成より

オトメの
ひとつ話

好きだから殴るなんて意味不明です

　知らない人ならちょっとしたことでは殴らないのに、大好きだから、親密だから殴る、という時点で関係性が破綻していますよね。お互いそれに気づかないのがドメスティック・ヴァイオレンス。あるいは、生育歴のなかで殴る・殴られる生活に慣れていると、それを誘導する行動を取るものです。無意識に殴ってくれる人を選ぶ傾向も。大好きなら本当に相手のためになることをしてあげましょう。加害者も被害者も、好ましい接触＝グッドタッチと、嫌な接触＝バッドタッチの違いを学習し直す必要があります。

自分らしい性を生きる

　主に男女の違いなど、一般論を述べてきましたが、自分らしさとは、自分で作るものである一方で、誰かの意見や行動を参考にしながら、時代とともに修正していくものではないでしょうか。「時代」というのもまた生き物のように、その時代の人間の行動によって変化します。

　性に対する感受性には年齢的な変化もあります。若いうちには考えられないことでも、年齢を重ねると、大事だと思っていたからだの悩みがたいしたことがないと思えるようになったり、むしろどうでもいいと思っていたことに引っかかりを感じたりするものです。性行為のあるなしにかかわらず、寿命が尽きるまで、性とのつきあいは続きます。それを意識するか無意識であるかは人それぞれですが。

　誰かを愛するということは、その人との違いを受け入れたり、誰かの価値観を共有したりすることにも繋がります。自己愛だけでは得られない広い世界を見ることにもなるでしょう。来世に課題を残す生き方も、来世に思いを残さない生き方も、自分らしく生き切ってみたいものですね。

おわりに

　あなたはどんな人でしょう。あなたの好きな人は、あなたの親は、きょうだいは、どんな人でしょうか。あなたは、誰とどんな風に暮らしていますか。

　性のことは、深遠で素敵で、時にサプライズが起こり、そして常に悩みの種かもしれません。自分に必要な知識を生かすことが、実のある人生に華を添えることでしょう。誰もが生物として生命の連鎖を生きています。生きるために食べるか、食べるために生きるかと問われれば、現代は間違いなく食べるために生きるのだと思います。しかし、同時に、会いたい人に会う、好きな人と共に過ごす時間は、心の栄養になるのではないでしょうか。それがかなわないこともまた、脳にとっての試練として刺激になることでしょう。できるだけ多くの人が心身を満たす性を謳歌できますように。それは人を傷つけることでも自分が我慢することでもなく、お金で解決することでもないと思います。与えられた自分の立ち位置をしっかり見据えながら、運命に身を任せるのもいいでしょう。

　素敵な人に出会うには自分を磨くことだとも言われます。誰かと関係を持つのはいつも満点とはいきません。他人を通して自分が見えてきます。最も出会いたい人は、誰にとっても「本当の自分」なのではないでしょうか。素直

に性に向き合うとき、性は自分を映す鏡なのです。

　様々な患者さんから頂いた貴重な知識や経験が私の中で澱のように溜っていました。まだまだ発展途上の私には、少々荷が重いテーマでしたが、それでも性は素敵だよ、というこころの声がみなさまに届きますように。

　いつも支えてくれる家族・ご縁のある方々に感謝して

早乙女（田中）智子

● 著者紹介 ●

早乙女智子（さおとめ・ともこ）

1961年生まれ。神奈川県立汐見台病院産婦人科医師。筑波大学医学専門学群卒。明治学院大学非常勤講師。著書に『避妊』『13歳からの恋とからだノート』『卵子ストーリー』『女のからだQ＆A』など。

[おとなの楽習]刊行に際して

[現代用語の基礎知識]は1948年の創刊以来、一貫して"基礎知識"という課題に取り組んで来ました。時代がいかに目まぐるしくうつろいやすいものだとしても、しっかりと地に根を下ろしたベーシックな知識こそが私たちの身を必ず支えてくれるでしょう。創刊60周年を迎え、これまでご支持いただいた読者の皆様への感謝とともに、新シリーズ[おとなの楽習]をここに創刊いたします。

2008年　陽春
現代用語の基礎知識編集部

おとなの楽習 22
保健体育のおさらい　性教育
2011年7月23日第1刷発行

著者	早乙女智子

©SAOTOME TOMOCO PRINTED IN JAPAN 2011
本書の無断複写複製転載は禁じられています。

発行者	横井秀明
発行所	株式会社自由国民社
	東京都豊島区高田3-10-11
	〒171-0033
	TEL 03-6233-0781 (営業部)
	03-6233-0788 (編集部)
	FAX 03-6233-0791
装幀	三木俊一＋芝 晶子 (文京図案室)
編集協力	竹中龍太、谷川由布子、小野寺僚
DTP	小塚久美子
印刷	大日本印刷株式会社
製本	新風製本株式会社

定価はカバーに表示。落丁本・乱丁本はお取替えいたします。

お父さんが教える 読書感想文の書きかた ──赤木かん子 1470円

お父さんが教える 自由研究の書きかた ──赤木かん子 1470円

現代用語の基礎知識 学習版 ──1500円

おやこでキャッチボール！ ──桜井一／監修 1000円

落語の手帖 ──神津友好 1575円

アスリートの勝負レシピ① サッカー ──白鳥早奈英 1260円

アスリートの勝負レシピ② 野球 ──白鳥早奈英 1260円

アスリートの勝負レシピ③ マラソン ──白鳥早奈英 1260円

玉の井 荷風ゆかりの色街 ──日比恆明 2940円

こころに響く感動の御菓子（スイーツ） ──硬派菓士の会 1500円

（消費税込、2011年6月現在）
自由国民社